ANSIA E ATTACCHI DI PANICO

Ferma la spirale dei pensieri tossici. La guida completa per liberarsi dell'ansia e ricostruire il proprio benessere passo dopo passo

Eveline Lettard

Copyright © 2021 Eveline Lettard

Tutti i diritti riservati.

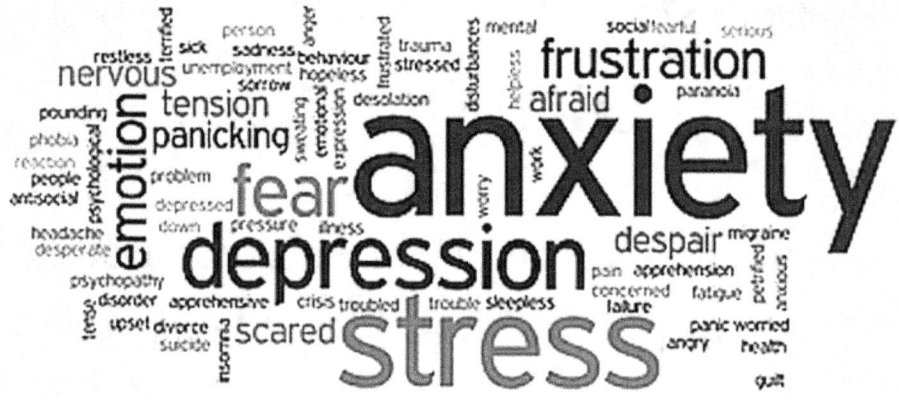

Table of content

Eveline Lettard	6
Cos'é l'Ansia?	7
Cos'é la Depressione?	13
Ansia Verso Depressione	19
Cosa causa la depressione?	20
Tipi di depressione	25
Ciclo mestruale e ritmo mentale e fisico	38
Ciclo mestruale standard	39
Sintomi di depressione	49
Ci sono anche segni che si possono vedere dai dintorni	49
C'è anche un segno che appare sul corpo	50
Trattamento per la depressione	51
Ci sono varie medicine	52
Come prendere la medicina	52
Parla con il tuo medico se hai delle preoccupazioni o dei dubbi sul trattamento	53
umore depresso, stato depresso, depressione	54
Classificazione della depressione	54
Causa / Fattore di insorgenza	55
Sintomi	58
Episodio depressivo maggiore	59
Trattamento	61
Terapia antidepressiva	62
Altri trattamenti	64
Progresso	64
Consigli ai pazienti	65
Stato della ricerca	66
"Depressione stagionale" Depressione in inverno 5 modi per rafforzare la tua mente	67
"Blu invernale" la cui insorgenza aumenta in inverno	67
Perché l'insorgenza aumenta dall'autunno all'inverno	68
A causa del disturbo dell' "orologio del corpo"	69

Migliora quando è esposto attivamente alla luce del mattino	70
5 modi per alleviare la depressione stagionale	71
5 Creare e organizzare una "Elenco delle cose da fare"	74
Disturbo dissociativo	75
Sintomi del disturbo dissociativo d'identità	76
Cos'è il disturbo dissociativo?	77
Trattamento dei disturbi dissociativi	80
Sulla psicoeducazione e la fornitura di informazioni	82
Terapia farmacologica	82
Disturbi alimentari	83
Cos'è un "disordine alimentare"?	83
Il trauma dietro l'anoressia nervosa e la sovralimentazione	84
Anoressia nervosa negli adolescenti e bulimia nervosa nei 20 anni	85
E' una malattia seria che può essere pericolosa per la vita.	85
Trattamento dei disturbi alimentari	89
Disturbo di panico / disturbo d'ansia	90
Cos'è il "disturbo di panico / disturbo d'ansia"?	91
Segni / sintomi del disturbo di panico / disturbo d'ansia	94
Hai attacchi di panico, ansia anticipatoria o agorafobia?	94
Come trattare il disturbo di panico	97
Disturbo del sonno	99
Cos'è un disturbo del sonno?	99
Segni / Sintomatologia	102
Conoscenza di base del sonno per per il nostro benessere	104
Disturbi del Sonno come Sonnambulismo	112
Sonno REM e sonno non REM	116
Igiene del sonno	119
7 tipi di tecniche di rilassamento che ti aiutano a combattere lo stress!	123
Fogli di lavoro sull'ansia	133
ESERCIZI E CONSIGLI PER SUPERARE GLI STATI D'ANSIA	139
Caratteristiche ed effetti dello yoga rilassante!	158
L'effetto dello yoga rilassante	162

© Copyright 2021 by Eveline Lettard

Tutti i diritti riservati.

Il seguente libro è riprodotto di seguito con l'obiettivo di fornire informazioni che siano il più accurate e affidabili possibile. Indipendentemente da ciò, l'acquisto di questo libro può essere visto come un consenso al fatto che sia l'editore che l'autore di questo libro non sono in alcun modo esperti sugli argomenti discussi all'interno e che qualsiasi raccomandazione o suggerimento che viene fatto qui è solo per scopi di intrattenimento. I professionisti dovrebbero essere consultati, se necessario, prima di intraprendere qualsiasi azione qui sostenuta. Questa dichiarazione è considerata giusta e valida sia dall'American Bar Association che dal Comitato dell'Associazione degli Editori ed è legalmente vincolante in tutti gli Stati Uniti. Inoltre, la trasmissione, la duplicazione o la riproduzione di una qualsiasi delle seguenti opere, comprese le informazioni specifiche, sarà considerata un atto illegale, indipendentemente dal fatto che sia fatto elettronicamente o a stampa. Ciò si estende alla creazione di una copia secondaria o terziaria dell'opera o di una copia registrata ed è consentito solo con l'espresso consenso scritto dell'Editore. Tutti i diritti aggiuntivi sono riservati.

Le informazioni contenute nelle pagine seguenti sono ampiamente considerate un resoconto veritiero e accurato dei fatti e come tali, qualsiasi disattenzione, uso o abuso delle informazioni in questione da parte del lettore renderà qualsiasi azione risultante esclusivamente di sua competenza. Non ci sono scenari in cui l'editore o l'autore originale di quest'opera possano essere in alcun modo ritenuti responsabili per qualsiasi difficoltà o danno che possa accadere loro dopo aver intrapreso le informazioni qui descritte. Inoltre, le informazioni contenute nelle pagine seguenti sono intese solo a scopo informativo e devono quindi essere considerate come universali. Come si addice alla sua natura, sono presentate senza assicurazione riguardo alla loro validità prolungata o qualità provvisoria. I marchi di fabbrica che sono menzionati sono fatti senza consenso scritto e non possono in alcun modo essere considerati un'approvazione da parte del titolare del marchio.

Caro lettore,
Un breve accenno per descrivere cos'è l'ansia, perché è una parte naturale e vitale della nostra vita emotiva.
Ci sono molte volte in cui provi "ansia" nella tua vita, come problemi imprevisti, incidenti e orari che non vuoi fare. Esistono vari tipi di ansia, ad esempio quando l'evento finisce mentre ti senti a disagio e quando hai un problema che non può essere risolto immediatamente.
È vero che nasciamo con le paure o le impariamo? A che scopo serve l'ansia? Come possono essere trattati i disturbi d'ansia? Cosa succede nel nostro cervello quando sperimentiamo la paura? Le intuizioni sono tratte dalla psicologia, dalle neuroscienze, dalla genetica, dall'epidemiologia e dagli studi clinici. I sei principali disturbi d'ansia sono: fobie; disturbo di panico e agorafobia; ansia sociale; disturbo d'ansia diffusa; disturbo ossessivo-compulsivo; e disturbo post-traumatico da stress. I sintomi, la rilevanza, le cause di ogni disturbo e i possibili trattamenti per affrontarli che sono trattati nella guida.
Se ti prepari a controllare i tuoi effetti personali in anticipo, ad esempio, quando esci per un viaggio insolito, non ti sentirai così ansioso. Se puoi "prepararti per il futuro" in questo modo, la tua ansia sarà alleviata.
Troverai anche molti esercizi per abbassare il tuo livello d'ansia.
Ti ringrazio per aver scelto questo libro, spero che possa esserti d'aiuto.
Con affetto

Eveline Lettard

Cos'é l'Ansia?

Improvvisamente il mio petto è diventato doloroso e il mio battito cardiaco stava semplicemente "battendo il campanello". Il sudore freddo mi riempie la schiena. "Forse morirò ..." Sono stata portata in ospedale in ambulanza mentre ero assalita da tanta ansia, ma non importa dove guardassi, non c'era niente di sbagliato nel mio corpo, e nel frattempo i sintomi dolorosi sono scomparsi. Anche se sono ansioso di ripetere queste crisi più e più volte, nessuno capisce.

Coloro che sono venuti a questa pagina potrebbero aver sperimentato tali pensieri.

Il panico è una reazione pronta a sopravvivere al pericolo di morte.

Molte persone si fanno prendere dal panico di fronte a un'improvvisa minaccia di vita, come un incendio o un terremoto. Il mio cuore batte più velocemente, mi sento sanguinante, non riesco a pensare alle cose con calma e mi sento come se volessi urlare ad alta voce. Potresti anche vomitare qualcosa nello stomaco. Potresti non essere in grado di stare fermo e iniziare a correre alla cieca. Tutte queste reazioni sono utili per sfuggire ai nemici e ai disastri e sono programmi per la sopravvivenza nel corpo.

Tuttavia, alcune persone possono reagire come un panico quando non succede nulla. Anche se non c'è pericolo di vita, proverai ansia e paura come se fosse pericolosa per la vita e sperimenterai sintomi che puoi vedere in uno stato di panico nel tuo corpo. Questo si chiama attacco di panico.

Quando questi sintomi si presentano quando non è successo nulla, tutti pensano a una malattia come il cuore, lo stomaco o i bronchi. Infatti, gli attacchi di panico sono molto simili a sintomi come l'infarto del miocardio. Pertanto, in un primo momento, si dovrà andare al sistema circolatorio, respiratorio e digestivo. Molte persone vengono portate in ospedale in ambulanza perché devono affrontare sintomi apparentemente pericolosi per la vita. Naturalmente, molte persone che lamentano questi sintomi sono in realtà persone con problemi di cuore o di stomaco. Tuttavia, ci sono molte persone che non sperimentano alcuna anormalità medica, non importa quanto vengano esaminate. Una tale persona potrebbe avere un disturbo di panico.

Sintomi come il "sentirsi inquieto" e il "martellamento e la solitudine" sono chiamati "ansia" e "tensione" e sono un tipo di emozione che tutti sperimentano.

È una reazione normale avere questi sintomi quando si ha qualcosa di cui preoccuparsi o di cui preoccuparsi, quando si incontra un superiore o qualcuno che si incontra per la prima volta, o prima di un esame, e non è una malattia. I sintomi vanno via naturalmente quando non ci sono preoccupazioni che li causano.

Il problema è quando sintomi come "l'irrequietezza" e

"l'agitazione e la solitudine" si verificano senza una tale ragione. In questo caso, può trattarsi di "ansia morbosa".

A differenza dell'"ansia normale", l'"ansia morbosa" ha la caratteristica di verificarsi senza motivo, di essere sproporzionata e di continuare per sempre anche se la causa scompare. Mentre l'"ansia normale" ha gli aspetti necessari per gli esseri umani, come prepararsi al pericolo e diventare una forza motrice per agire verso la soluzione dei problemi, l'"ansia morbosa" è una malattia mentale o fisica e può essere un sintomo.

Se sperimentate uno dei sintomi di cui sopra e sospettate che si tratti di "ansia morbosa", fatelo diagnosticare da uno psichiatra o da un medico psicosomatico.

Prima di questo, è una buona idea avere un'idea generale di cosa sia l'ansia e che tipo di malattia sia.

L'ansia è definita psichiatricamente come "una sensazione di paura non focalizzata". Una parola simile è "paura", ma è usata per "quando c'è un oggetto" (a volte non distinto).

L'ansia è accompagnata da sintomi fisici, uno dei quali è il "martellamento" (palpitazioni), ma ci sono anche "oppressione al petto", "difficoltà a respirare", "sudore freddo", "tremore" e "battito". compaiono sintomi come "vertigini", "intorpidimento degli arti", "debolezza", "minzione frequente", "sete", "insonnia" e "mal di testa".

Questi sono dovuti principalmente al lavoro dei nervi autonomi, in particolare i nervi simpatici.

Questo perché le emozioni e le funzioni dei nervi autonomi come i nervi simpatici e parasimpatici sono strettamente correlati nel cervello.

Ci sono molti tipi di ansia.

L'ansia acuta e improvvisa è chiamata panico (o attacco di panico se ripetuto) (chiamato anche attacco d'ansia).

I sintomi dell'ansia tipicamente osservati nel "disturbo di panico", colpiti improvvisamente da una forte ansia senza motivo, battito cardiaco (palpitazioni), polso rapido (tachicardia), costrizione del petto, soffocamento, vertigini, ecc. allo stesso tempo, e penso che potrei morire in qualsiasi momento.

Tuttavia, con il tempo tutto ciò scompare naturalmente.

Quando le crisi si ripetono, c'è l'ansia che "potrei tornare" (chiamata ansia anticipatoria), quindi quando si verifica una crisi, ho paura dei luoghi e delle situazioni in cui non posso scappare o ricevere aiuto. È accompagnato dal sintomo di "agorafobia".

Questo è un tipo di disturbo d'ansia chiamato "fobia".

Altre fobie includono la "fobia sociale (tensione anormale in pubblico e paura dell'imbarazzo)" e la "fobia specifica (elevazione, claustrofobia, animali, buio, ecc.), Paura)".

A differenza degli attacchi di panico, esiste anche un tipo di sintomo d'ansia in cui persiste cronicamente un'ansia meno intensa, chiamata ansia generalizzata.

L'ansia generalizzata si osserva tipicamente nel caso del disturbo d'ansia generalizzato.

Inoltre, il disturbo ossessivo-compulsivo e il disturbo post-traumatico da stress sono anch'essi malattie mentali che appartengono ai disturbi d'ansia e ognuno ha i propri sintomi caratteristici dell'ansia.

Fare riferimento a ciascuna pagina di spiegazione per i dettagli.

I disturbi d'ansia sono un gruppo di malattie mentali il cui sintomo principale è l'ansia, e il disturbo di panico ne è un tipico esempio. Oltre a quanto sopra, alcuni disturbi d'ansia sono causati da malattie fisiche generali e sostanze. C'è anche una malattia.

Le malattie fisiche generali che la causano sono le malattie endocrine come l'ipertiroidismo e l'ipoglicemia, l'insufficienza cardiaca, l'embolia polmonare, l'aritmia, le malattie cardiovascolari/respiratorie come la broncopneumopatia cronica ostruttiva (COPD) e la disfunzione vestibolare. Malattie del sistema nervoso come l'encefalite, le sostanze causative sono l'intossicazione da caffeina, stimolanti e altre droghe illegali, i sintomi di astinenza che si verificano quando l'alcol o i sedativi somministrati dal medico, sonniferi, ansiolitici, ecc. vengono improvvisamente interrotti.

Anche se si tratta di sintomi mentali che sembrano essere ansia, la causa è dovuta a malattie fisiche o sostanze, quindi è importante che vengano esaminati e diagnosticati correttamente. In alcuni casi, sono direttamente pericolosi per la vita.

Quando vedi il tuo medico, assicurati di riferire che stavi prendendo i farmaci.

Ci sono molte altre malattie mentali che vengono con sintomi di ansia oltre ai disturbi d'ansia.

Si può dire che non esiste una malattia mentale senza sintomi di ansia.

Nella depressione e nella schizofrenia, l'ansia può essere il sintomo principale.

La depressione si presenta spesso con frustrazione, angoscia, senso di colpa e mancanza di speranza, mescolati a sintomi depressivi.

La schizofrenia sperimenta un'ansia disturbante e grave associata a sintomi psicotici caratteristici come l'umore delirante, la paranoia e le allucinazioni.

Inoltre, l'ipocondria (disturbo da sintomi somatici) causa un'ansia eccessiva riguardo al corpo e alla malattia.

Nel "disturbo di adattamento", che è una risposta allo stress, i sintomi di ansia sono i più comuni insieme ai sintomi depressivi.

Un altro disturbo d'ansia peculiare dei bambini è il "disturbo d'ansia da separazione", che indica l'ansia grave di essere separati dai genitori e dalle persone legate.

Cos'é la Depressione?

Si dice spesso che la depressione deriva da uno squilibrio chimico, ma questo modo di dire non cattura quanto sia complessa la malattia.
La depressione è uno dei disturbi dell'umore. La depressione è possibile se hai sintomi mentali come sentirti depresso tutto il giorno o non puoi goderti nulla, così come sintomi fisici come perdita di sonno, perdita di appetito e facile stanchezza, che sono un grosso ostacolo alla tua vita quotidiana. è. Oltre alla depressione, i disturbi dell'umore includono il disturbo bipolare (depressione maniacale), che deve essere differenziato dalla depressione. Nella depressione si osserva solo depressione, ma il disturbo bipolare è un disturbo in cui si ripetono depressione e stato maniacale (ipomania). I trattamenti per la depressione e il disturbo bipolare sono molto diversi e richiedono un giudizio di un esperto.
"Perché si verifica la depressione?" La causa esatta dell'insorgenza è ancora sconosciuta, ma allo stesso tempo che i neurotrasmettitori che funzionano nel cervello funzionano male, quindi, si ritiene che qualcosa non va nel funzionamento del cervello, che controlla le emozioni e la motivazione. Lo stress mentale e fisico sono spesso indicati come lo sfondo della depressione, ma si sviluppa non solo dopo esperienze dolorose ed eventi tristi, ma anche dopo

eventi felici come il matrimonio, l'andare a scuola, trovare un lavoro, traslocare, ecc. Va notato che la depressione può verificarsi a causa di malattie fisiche o cure mediche. ci sono varie cose come stress, malattie fisiche e cambiamenti nell'ambiente.

Si pensa che i fattori si combinano per causare la malattia.

Prima di tutto, i fattori scatenanti più probabili sono "fattori ambientali", come la morte o il divorzio di una persona importante (famiglia o persona vicina), la perdita di cose importanti (tra cui lavoro, proprietà, salute, ecc.), Problemi nelle relazioni umane e problemi domestici Problemi, cambiamenti nei ruoli sul lavoro oa casa (promozione, retrocessione, matrimonio, gravidanza, ecc.) sono fattori. Solo guardandolo in questo modo, possiamo vedere che vari eventi possono essere fattori.

L'importante è che la depressione non sia causata da una sola causa.

Lo stress eccessivo può essere un fattore scatenante.

Gli studi in questi anni confermano che la depressione sia innescata da qualche tipo di stress eccessivo.

Eventi molto dolorosi spesso innescano l'insorgenza, ma non è raro che diverse cose si sovrappongano prima. Pertanto, il fattore è più familiare come modo di pensare rispetto alla causa. Vari fattori che si verificano nella nostra vita si combinano in modo complicato per svilupparsi.

Tra i vari stress, i più comuni sono "**stress da relazioni**" e "**stress da cambiamenti nell'ambiente**". Ad esempio, può verificarsi non solo da eventi tristi come "**morte di una persona familiare**" o "**ristrutturazione**", ma anche da eventi felici come "**promozione**" o "**matrimonio**" o cambiamenti nell'ambiente.

Sul lavoro Promozione, retrocessione, disoccupazione, fallimento del lavoro, età pensionabile

Esperienza persa Lutto / divorzio, malattia con parenti stretti

Relativo alla salute Mestruazioni, incidenti, malattie del corpo.

Questioni familiari Gravidanza, parto, lavoro / matrimonio di bambini, discordia / divorzio in famiglia

A proposito di soldi Povertà, questioni fiscali, problemi di successione.

Anche degli eventi piacevoli come la promozione e la gravidanza sono interpretati anche come disturbi dell'adattamento al nuovo ambiente ed esperienze di perdita per l'ambiente precedente.

Ci sono molte persone che sono serie, hanno un forte senso di responsabilità, hanno una buona personalità e sono molto comprovate da ciò che li circonda.

Sembra che questi tipi di persone tendano a perdere l'equilibrio mentale perché lavorano troppo o accumulano stress oltre le loro capacità.

È importante cambiare la tua mentalità, ad esempio dare la priorità alle cose piuttosto che cercare la perfezione in tutto, per prevenire la depressione.

Tuttavia, è molto difficile cambiare la tua personalità. Uno dei vantaggi di consultare un medico e ricevere cure è che puoi ottenere indicazioni e consigli su questa idea.

Temperamento circolante È un tipo che è incline alla depressione bipolare, che ripete uno stato maniacale sano e uno stato depressivo.

Temperamento ossessivo Ha un forte senso del dovere, zelo nel lavoro, perfezionismo, decenza, onestà e tenacia. La qualità del lavoro è alta, ma non riesco a gestire la quantità. È un tipo che è incline alla depressione dopo un periodo di leggera eccitazione per completare il duro lavoro. È anche un tipo alternativo che vuole decidere il risultato di bianco o nero, zero o 100 e non può dargli priorità.

Temperamento malinconico È un tipo che valorizza il buon senso, considera sempre gli altri, cerca di mantenere un buon rapporto e sottolinea non solo la propria personalità ma anche le relazioni con gli altri. Pertanto, sono molto preoccupato per la valutazione degli altri e, una volta che qualcosa va storto, divento pessimista e penso che sia tutta mia responsabilità.

La ricerca suggerisce che la depressione non nasce

semplicemente dall'avere troppo o troppo poco di certe sostanze chimiche del cervello. Piuttosto, ci sono molte possibili cause di depressione, compresa la regolazione difettosa dell'umore da parte del cervello, la vulnerabilità genetica, eventi di vita stressanti, farmaci e problemi medici. Si ritiene che diverse di queste forze interagiscano per portare alla depressione.

Per essere sicuri, le sostanze chimiche sono coinvolte in questo processo, ma non è una semplice questione di una sostanza chimica troppo bassa e un'altra troppo alta. Piuttosto, molte sostanze chimiche sono coinvolte, lavorando sia all'interno che all'esterno delle cellule nervose. Ci sono milioni, anche miliardi di reazioni chimiche che compongono il sistema dinamico che è responsabile del vostro umore, delle percezioni e di come sperimentate la vita.

Con questo livello di complessità, si può capire come due persone potrebbero avere sintomi simili di depressione, ma il problema all'interno, e quindi quali trattamenti funzioneranno meglio, potrebbe essere completamente diverso.

I ricercatori hanno imparato molto sulla biologia della depressione. Hanno identificato i geni che rendono gli individui più vulnerabili agli stati d'animo bassi e influenzano il modo in cui un individuo risponde alla terapia farmacologica. Un giorno, queste scoperte dovrebbero portare a un trattamento migliore e più individualizzato (vedi "Dal laboratorio all'armadietto dei medicinali"), ma è probabile che ci vorranno anni. E mentre i ricercatori ora sanno più che mai su come il cervello regola l'umore, la loro comprensione della biologia della depressione è lungi dall'essere completa.

I recenti studi sul meccanismo di insorgenza della depressione (patologia) hanno riportato anomalie nel modo in cui le informazioni vengono trasmesse nelle cellule nervose del cervello. Nella nostra vita, trasmettiamo comandi di movimento di base come "mangiare" e "dormire" dal nostro cervello al nostro corpo, ma trasmettiamo anche emozioni come "motivazione" e "memoria" e intellettualmente. In questo momento, quello che viene chiamato un "neurotrasmettitore" è quello che trasmette le informazioni dalla cellula nervosa alla cellula.

Di norma, si ritiene che la serotonina e la noradrenalina controllino il modo in cui vengono trasmesse le informazioni relative alle emozioni umane come l'umore, la motivazione e la memoria e attivano le funzioni del corpo e della mente.

Si crede che la depressione causi una varietà di sintomi perché la quantità di serotonina e noradrenalina tra le cellule nervose è ridotta per qualche motivo e le informazioni non vengono trasmesse bene.

Ansia Verso Depressione

L'ansia e la depressione sono cose che tutti sperimentano quotidianamente. Tuttavia, se la gravità è grave o la durata è lunga, si può avere una malattia mentale.

La depressione è una tipica malattia che causa sintomi depressivi. È stato detto che circa 1 a 16 persone sviluppano la depressione nella loro vita, e non è una malattia rara. Dal momento che la tua mente è esaurita e sei a corto di energia, come abbiamo detto in precedenza, riposare senza esagerare è il miglior trattamento. Si sa che le donne hanno il doppio delle probabilità di soffrire di depressione rispetto agli uomini. Colpisce non solo gli adulti, ma anche i bambini e gli anziani. Nel caso dei bambini, possono emergere frustrazione, emozioni instabili e problemi comportamentali, e nel caso degli anziani, possono essere scambiati per le prime fasi della demenza. Anche la depressione post-partum, che le donne incinte tendono a sperimentare dopo il parto, è importante.

La malattia fisica è un fattore di rischio per l'insorgenza e l'esacerbazione della depressione, ma la depressione stessa è anche un fattore di esacerbazione della malattia fisica. In altre parole, la presenza della depressione può portare a un circolo vizioso, quindi bisogna prestare particolare attenzione quando è accompagnata da una malattia fisica.

Inoltre, se l'ansia eccessiva persiste, si può sperimentare

l'ansia. Ci sono molti tipi di ansia, come il disturbo di panico, l'agorafobia, il disturbo d'ansia sociale, il disturbo ossessivo compulsivo, il disturbo da stress post-traumatico (PTSD), la depersonalizzazione e i disturbi alimentari.

In alcuni casi, si può essere consapevoli solo di sintomi fisici sgradevoli come le spalle rigide , dolore lombare , gola stretta e peso corporeo senza notare questi segni di SOS .

In ogni caso, quando si soffre di ansia morbosa o depressione, è importante ottenere un adeguato supporto professionale. È anche essenziale avere la comprensione e il sostegno dei membri della famiglia e di coloro che li circondano.

Cosa causa la depressione?

Anche se non sappiamo esattamente con "certezza" cosa causa la depressione, un certo numero di cose sono spesso interconnesse al suo sviluppo. La depressione di solito deriva da una combinazione di eventi recenti e altri fattori personali o a lungo termine, piuttosto che da un problema o un evento immediato.

La depressione è possibile quando compaiono sintomi fisici come insonnia, perdita di appetito e facile stanchezza insieme a sintomi mentali come sentirsi depresso tutto il giorno e non poter godere di nulla. La depressione è una condizione in cui il cervello non funziona bene a causa di stress mentale o fisico. Inoltre, quando ti senti depresso, il tuo modo di pensare e pensare diventa negativo. Se pensi di soffrire di depressione, non fare un'autovalutazione e consulta la psichiatria, la medicina psicosomatica o la clinica psichiatrica di un ospedale generale. Puoi anche consultare il tuo medico come medicina interna o utilizzare il banco di consulenza di un centro sanitario o di un centro di salute mentale e benessere. Per superare la depressione, è importante consultare uno specialista il prima possibile e riposarsi.

Gli organismi viventi hanno il potere di riprendersi non utilizzando troppo la parte danneggiata. La depressione è causata da una mancanza di energia nel cervello, quindi il riposo è alla base del trattamento per riposare il cervello stesso.

Eventi della vita

Le difficoltà di tutti i giorni come: disoccupazione a lungo termine, vivere in una relazione nascosta o indifferente, isolamento a lungo termine o solitudine, stress da lavoro prolungato - hanno più probabilità di causare la depressione che gli stress recenti della vita. Tuttavia, eventi recenti (come la perdita del lavoro) o una combinazione di eventi possono "scatenare" la depressione se si è già a rischio a causa di precedenti esperienze negative o fattori personali.

La depressione è una condizione in cui questi sintomi persistono per più di due settimane. Se te ne accorgi in una

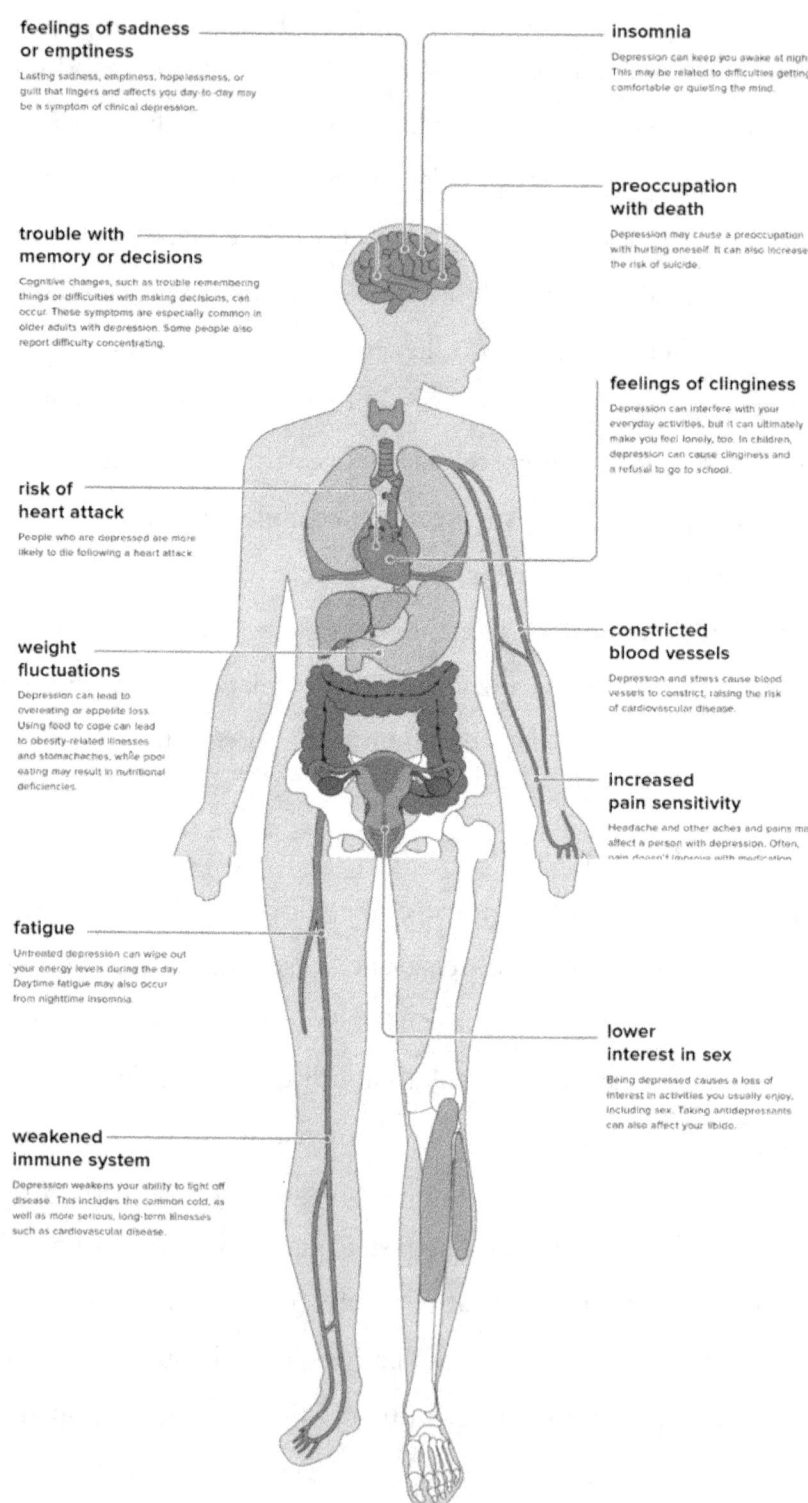

fase iniziale, è più probabile che tu riesca a prevenirne l'insorgenza. Tuttavia, le malattie mentali come la depressione sono molto simili alle malattie dello stile di vita, e c'è sicuramente un punto difficile in cui è difficile esserne consapevoli nella vita quotidiana.

In tali circostanze, c'è l'idea di prestare attenzione ai sintomi di cui è facile essere consapevoli. In primo luogo, ci sono due cose che sono molto importanti per gli organismi viventi. Una è mangiare. Questo è il rifornimento di energia. E l'altra è il sonno, che è una spinta energetica. Quando è "sono stanco ma non riesco a dormire", la carica si esaurisce e il potere di guarigione naturale diminuisce, andando in una direzione malsana. Recentemente, ci sono molte ricerche che mostrano la relazione tra insonnia e depressione, come il rischio di sviluppare la depressione entro 3 anni è quattro volte più alto nelle persone che attualmente hanno l'insonnia rispetto a quelle che non l'hanno.

Il vantaggio di concentrarsi sul sonno è che è facile da notare. Se notate che ci vogliono più di 30 minuti per addormentarsi, vi svegliate molte volte nel mezzo, vi svegliate presto la mattina, o perdete la sensazione di sonno profondo, rivedete prima il vostro stile di vita per evitare che la vostra energia si esaurisca. In particolare, riconsidera il tuo modo di lavorare, evita l'assunzione di caffeina per 4 ore prima di dormire, rilassati con acqua calda o musica, prendi la luce del sole quando ti svegli, hobby, ecc. Per te stesso ci sono cose come prendersi del tempo libero ed escogitare modi per trascorrere le vacanze.

Fattori Personali
Anche la Storia familiare può influire - La depressione può essere presente nelle famiglie e alcune persone hanno un rischio genetico maggiore, quindi più predisposte rispetto ad altre. Tuttavia, avere un genitore o un parente stretto con la depressione non significa che avrai automaticamente lo stesso sintomo. È probabile che le circostanze della vita e altri fattori personali abbiano un'influenza importante.
Personalità - Alcune persone possono essere più a rischio di depressione a causa della loro personalità, in particolare se hanno la tendenza a preoccuparsi molto, hanno una bassa autostima, sono perfezionisti, sono sensibili alle critiche personali o sono autocritici e negativi.
Malattia medica grave - Lo stress e la preoccupazione di affrontare una malattia grave possono portare alla depressione, soprattutto se si ha a che fare con la gestione a lungo termine e/o il dolore cronico.
Uso di droghe e alcol - L'uso di droghe e alcol può sia portare alla depressione che esserne il risultato. Molte

persone con depressione hanno anche problemi di droga e alcol.

Tipi di depressione

Capire la depressione
Qualsiasi individuo attraversa periodi di profonda tristezza e dolore. Questi sentimenti di solito svaniscono in pochi giorni o settimane, a seconda delle circostanze. Ma una profonda tristezza che dura più di due settimane e che influisce sulla tua capacità di funzionare può essere un segno di depressione.

Alcuni dei sintomi comuni della depressione sono:

profondi sentimenti di tristezza
umore cupo
sentimenti di inutilità o disperazione
cambiamenti nell'appetito
cambiamenti nel sonno
mancanza di energia
incapacità di concentrarsi
difficoltà a svolgere le sue normali attività
mancanza di interesse per le cose che le piacevano prima
ritiro dagli amici
preoccupazione per la morte o pensieri di autolesionismo

La depressione colpisce ognuno in modo diverso e potresti avere solo alcuni di questi sintomi. Potresti anche avere altri sintomi che non sono elencati qui. Tieni presente che è anche normale avere alcuni di questi sintomi di tanto in tanto senza avere la depressione.

Ma se iniziano ad avere un impatto sulla tua vita quotidiana, potrebbero essere il risultato della depressione.

Ci sono molti tipi di depressione. Mentre condividono alcuni sintomi comuni, hanno anche alcune differenze chiave.

Ecco uno sguardo a nove tipi di depressione e a come influenzano le persone.

1. Depressione Maggiore

La depressione maggiore è anche conosciuta come disturbo depressivo maggiore, depressione classica o depressione unipolare. È abbastanza comune - circa 16,2 milioni di adulti negli Stati Uniti hanno avuto almeno un episodio depressivo maggiore.

Le persone con la depressione maggiore sperimentano i sintomi per la maggior parte del giorno, ogni giorno. Come molte condizioni di salute mentale, ha poco a che fare con ciò che accade intorno a te. Puoi avere una famiglia amorevole, tonnellate di amici e un lavoro da sogno. Puoi avere il tipo di vita che gli altri invidiano e avere ancora la depressione.

Anche se non c'è una ragione evidente per la tua depressione, questo non significa che non sia reale o che tu possa semplicemente resistere.

Si tratta di una forma grave di depressione che causa sintomi come:

sconforto, tristezza o dolore

difficoltà a dormire o dormire troppo

mancanza di energia e stanchezza

perdita di appetito o sovralimentazione

dolori inspiegabili

perdita di interesse in attività un tempo piacevoli

mancanza di concentrazione, problemi di memoria e incapacità di prendere decisioni

sentimenti di inutilità o disperazione

preoccupazione e ansia costanti

pensieri di morte, autolesionismo o suicidio

Questi sintomi possono durare settimane o anche mesi. Alcune persone possono avere un singolo episodio di depressione maggiore, mentre altre lo sperimentano per tutta la vita. Indipendentemente dalla durata dei sintomi, la depressione maggiore può causare problemi nelle relazioni e nelle attività quotidiane.

2. Depressione Persistente

Il disturbo depressivo persistente è una depressione che dura per due anni o più. È anche chiamata distimia o depressione cronica. La depressione persistente potrebbe non essere così intensa come la depressione maggiore, ma può ancora mettere a dura prova le relazioni e rendere difficili le attività quotidiane.

Alcuni sintomi della depressione persistente includono
profonda tristezza o disperazione
bassa autostima o sentimenti di inadeguatezza
mancanza di interesse per le cose che una volta ti piacevano
cambiamenti nell'appetito
cambiamenti nei modelli di sonno o bassa energia
problemi di concentrazione e di memoria
difficoltà di funzionamento a scuola o al lavoro
incapacità di provare gioia, anche in occasioni felici
ritiro sociale

Sebbene sia un tipo di depressione a lungo termine, la gravità dei sintomi può diventare meno intensa per mesi prima di peggiorare di nuovo. Alcune persone hanno anche episodi di depressione maggiore prima o mentre hanno un disturbo depressivo persistente. Questa è chiamata doppia depressione.

La depressione persistente dura per anni, quindi le persone con questo tipo di depressione possono iniziare a sentire che i loro sintomi sono solo parte della loro normale visione della vita.

3. Depressione maniacale o disturbo bipolare

La depressione maniacale consiste in periodi di mania o ipomania, in cui ci si sente molto felici, alternati a episodi di depressione. La depressione maniacale è un nome obsoleto per il disturbo bipolare.

Per essere diagnosticato con il disturbo bipolare I, si deve sperimentare un episodio di mania che dura per sette giorni, o meno se il ricovero è necessario. Si può sperimentare un episodio depressivo prima o dopo l'episodio maniacale.

Gli episodi depressivi hanno gli stessi sintomi della depressione maggiore, tra cui

- sentimenti di tristezza o di vuoto
- mancanza di energia
- stanchezza
- problemi di sonno
- problemi di concentrazione
- diminuzione dell'attività
- perdita di interesse in attività precedentemente piacevoli
- pensieri suicidi
- I segni di una fase maniacale includono
- alta energia
- sonno ridotto

- irritabilità
- pensieri e discorsi frenetici
- pensiero grandioso

aumento dell'autostima e della fiducia

comportamento insolito, rischioso e autodistruttivo

sensazione di euforia, "high", o euforia

In casi gravi, gli episodi possono includere allucinazioni e deliri. L'ipomania è una forma meno grave di mania. Si possono anche avere episodi misti in cui si hanno sintomi sia di mania che di depressione.

4. Psicosi Depressiva

Alcune persone con depressione maggiore attraversano anche periodi di perdita di contatto con la realtà. Questo è noto come psicosi, che può comportare allucinazioni e deliri. Sperimentare entrambe queste cose insieme è conosciuto clinicamente come disturbo depressivo maggiore con caratteristiche psicotiche. Tuttavia, alcuni fornitori si riferiscono ancora a questo fenomeno come psicosi depressiva o depressione psicotica.

Le allucinazioni sono quando si vedono, sentono, odorano, assaggiano o sentono cose che non sono realmente lì. Un esempio di questo sarebbe sentire voci o vedere persone che non sono presenti. Un'allucinazione è una convinzione profondamente radicata che è chiaramente falsa o non ha senso. Ma per qualcuno che sta vivendo una psicosi, tutte queste cose sono molto reali e vere.

La depressione con psicosi può anche causare sintomi fisici, tra cui difficoltà a stare fermi o movimenti fisici rallentati.

Ci sono diversi metodi di trattamento

I trattamenti per la depressione variano da persona a persona.

Se la depressione è tipica, ci si può aspettare gli effetti della terapia farmacologica. Se la personalità e l'ambiente hanno una forte influenza, un approccio psicoterapeutico e a volte l'ambiente deve essere migliorato. Se la causa è un'altra malattia o un farmaco, si dovrebbe considerare di trattare la malattia o cambiare il farmaco. Per quanto riguarda il congedo, ci sono casi in cui è necessario prendere il congedo e ci sono casi in cui è meglio continuare a lavorare, e non c'è una politica unica anche in questo senso.

È importante sapere che ci sono molti tipi diversi di depressione e c'è più di una cura, piuttosto che essere trattati come uno con la depressione. La tua depressione è diversa da quella degli altri, ed è naturale che ogni persona abbia un trattamento diverso.

5. Depressione perinatale

La depressione perinatale, che è clinicamente nota come disturbo depressivo maggiore con esordio peripartum, si verifica durante la gravidanza o entro quattro settimane dal parto. Viene spesso chiamata depressione post-partum. Ma questo termine si applica solo alla depressione dopo il parto. La depressione perinatale può verificarsi mentre sei incinta.

I cambiamenti ormonali che avvengono durante la gravidanza e il parto possono innescare cambiamenti nel cervello che portano a sbalzi d'umore. Anche la mancanza di sonno e il disagio fisico che spesso accompagna la gravidanza e l'avere un neonato non aiutano.

I sintomi della depressione perinatale possono essere gravi come quelli della depressione maggiore e comprendono

tristezza

ansia

rabbia o collera

esaurimento

estrema preoccupazione per la salute e la sicurezza del bambino

difficoltà a prendersi cura di se stessi o del nuovo bambino

pensieri di autolesionismo o di fare del male al bambino

Le donne che mancano di sostegno o che hanno avuto la depressione in precedenza sono a maggior rischio di sviluppare la depressione perinatale, ma può succedere a chiunque. episodi in cui si hanno sintomi sia di mania che di depressione.

Il periodo perinatale è un termine che indica il periodo prima e dopo il parto e generalmente si riferisce al periodo che va dalle 22 settimane di gestazione ai 7 giorni dopo il parto. (OMS)
La depressione che si verifica durante il periodo perinatale viene diagnosticata con gli stessi criteri diagnostici normali perché il suo decorso e i sintomi sono gli stessi della depressione normale.
I criteri diagnostici dell'American Psychiatric Association, DSM-5, identificano i disturbi dell'umore (depressione e disturbo bipolare) che iniziano durante la gravidanza ed entro 4 settimane dal postpartum come "esordio perinatale".
La causa della depressione non è ben compresa durante il periodo perinatale, ma si ritiene che i cambiamenti ormonali e lo stress nel corpo la stiano influenzando.
Il trattamento della depressione perinatale è molto importante. Questo perché c'è il pericolo di suicidio .
Ad esempio, la percentuale di donne con ideazione suicidaria durante il periodo perinatale è più alta del previsto e uno studio ha riportato che dal 16,9 al 33,0% delle donne con una storia di ansia o depressione ha avuto ideazione suicidaria durante il periodo perinatale.

In questo senso, valutare la depressione durante il periodo perinatale è molto importante per le donne che sono attualmente depresse o che hanno già sperimentato la depressione.

L'Edinburgh Postnatal Depression Self-Assessment Form (EPDS), che consiste di 10 domande, e il PHQ, che consiste di 9 domande, sono utili per lo screening della depressione perinatale e la valutazione della gravità.

Nel trattamento della depressione nelle donne in gravidanza prima del parto , la depressione da lieve a moderata può essere trattata con la psicoterapia indipendentemente dal farmaco. Durante questo periodo, le donne incinte tendono ad evitare il farmaco a causa delle preoccupazioni sui suoi effetti sul feto, quindi l'esistenza di un'opzione di psicoterapia è molto importante.

Si ritiene che la terapia cognitivo-comportamentale e la terapia interpersonale siano più efficaci della psicoterapia di supporto e simili.

Il trattamento farmacologico deve essere spiegato alle donne in gravidanza e alle loro famiglie considerando attentamente sia i rischi e i benefici del trattamento che i rischi e i benefici di nessun trattamento e comprendendo appieno le caratteristiche di ciascun farmaco.

Il punto più importante nel determinare il farmaco è se il rischio di suicidio è imminente o se c'è un'anomalia psicotica .

Se questi vengono osservati, è necessario un farmaco aggressivo senza esitazione. I farmaci antiepilettici come stabilizzatori dell'umore dovrebbero essere evitati il più possibile durante le prime fasi della gravidanza. Se queste (rischio di suicidio o anomalie psicotiche) non vengono osservate, il trattamento dipende dalla storia del trattamento della donna incinta e dalla gravità dei sintomi.

La psicoterapia è la prima scelta per le donne incinte che non assumono farmaci psicotropi e che sono riluttanti ad assumere farmaci, anche se hanno sintomi da moderati a gravi. Tuttavia, se la psicoterapia era precedentemente inefficace, spiegherebbe la necessità di farmaci.

Se sei una donna incinta in trattamento con un farmaco psicotropo e stai pensando di interrompere il farmaco, somministrare psicoterapia e rivalutare il farmaco psicotropo.

Per le donne che non sono incinte ora ma che stanno pianificando una gravidanza in futuro
, i farmaci sono essenziali se c'è il rischio di suicidio o anomalie psicotiche. Se questi non vengono osservati, la risposta dipende dalla gravità del sintomo.

Se soffri di depressione da moderata a grave, dai la giusta quantità di farmaci per il momento giusto ed evita di rimanere incinta fino a quando i sintomi non si sono stabilizzati.

Se i sintomi sono da lievi a moderati, il paziente è stato trattato per meno di sei mesi o più di sei mesi, ha avuto più episodi di depressione, non ha mai ricevuto psicoterapia o ha una malattia mentale. la risposta dipende dall'efficacia o meno.

La depressione postpartum dopo il parto è divisa in "maternità blu" e "depressione postpartum".

Il blu della maternità è uno sballo emotivo transitorio che si dice si verifichi fino al 50% delle donne. Si verifica da 2 a 14 giorni dopo la consegna e si risolve entro 2 settimane. Il riposo e il sostegno sociale contribuiscono in modo significativo alla scomparsa dei sintomi.

La depressione postpartum è definita dai criteri del DSM-5 come essersi sviluppata entro 4 settimane dal parto (depressione perinatale), ma clinicamente significa depressione che si è sviluppata entro 1 anno dal postpartum.

Una storia di depressione e disturbi d'ansia, una storia familiare di malattia mentale, cattive relazioni coniugali, scarso supporto sociale e stress della vita durante il primo anno prima del parto influenzano l'insorgenza della depressione postpartum.

Secondo la definizione di depressione che si sviluppa entro il primo anno di parto, è stato riferito che il 15% delle donne che partoriscono soffre di depressione postpartum. (Gaynes)

È estremamente importante valutare correttamente la

depressione postpartum attraverso un attento esame e iniziare il trattamento in tempo. Questo perché la madre può prendersi cura del bambino senza problemi, il che garantisce una crescita sana del bambino.

Gli SSRI sono raccomandati per il trattamento. Anche la psicoterapia come la terapia cognitivo comportamentale e la terapia interpersonale è efficace.

6. Disturbo disforico premestruale

La sindrome premestruale (PMS) comprende sintomi fisici come rigidità addominale, spalle rigide, mal di testa, gonfiore, aumento di peso, costipazione e costrizione del seno e sintomi mentali come irritabilità, rabbia, apatia e diminuzione della concentrazione.

Questi sono sintomi che possono verificarsi in chiunque, ma nel caso della PMS dura a lungo e fortemente dall'ovulazione alle mestruazioni. Alcune persone mostrano depressione estrema, ansia estrema, irritabilità estrema, instabilità emotiva marcata, diminuzione dell'interesse in attività estreme e diminuzione della concentrazione Disturbo disforico premestruale (PMD) Questo è chiamato disturbo disforico premestruale (PMDD). Si dice che circa il 5% delle donne mestruate abbia il PMDD, che è una condizione sorprendentemente comune.

Tuttavia, la consapevolezza del PMDD è ancora bassa e c'è

poca informazione, quindi la realtà è che molte persone soffrono di sintomi. Alcune devono prendersi una pausa dalla scuola o dal lavoro prima delle mestruazioni o evitare di incontrare persone a causa dell'estrema frustrazione e depressione.

Recentemente, il trattamento con pillole a basso dosaggio e / o SSRI (un tipo di antidepressivo) è diventato un luogo comune. È caratterizzato dal suo effetto rapido e dall'efficacia estremamente elevata.

D'altra parte, questi trattamenti possono causare effetti collaterali. Le pillole a basso dosaggio portano effetti collaterali come nausea, mal di testa e sanguinamento anormale e il rischio di trombosi e la pillola deve essere interrotta se si desidera rimanere incinta. Gli SSRI possono causare effetti collaterali come nausea, sonnolenza e aumento di peso e possono verificarsi sintomi di astinenza se interrompe improvvisamente l'assunzione del farmaco.

Ciclo mestruale e ritmo mentale e fisico
Le mestruazioni sono il momento in cui l'endometrio maturo viene staccato ed espulso dal corpo in preparazione alla gravidanza.

La fisiologia femminile ha un ciclo di 25-38 giorni, regolato dalla secrezione degli ormoni femminili estrogeni e progesterone.

Alla fine delle mestruazioni, l'endometrio si ispessisce a causa dell'azione degli estrogeni e quando avviene l'ovulazione, la secrezione di progesterone aumenta e l'endometrio matura in uno stato adatto all'impianto.

In assenza di impianto, la secrezione di estrogeni e progesterone diminuisce drasticamente e l'endometrio che non è più necessario viene rimosso, causando le mestruazioni.

Periodo mestruale standard
Il periodo normale è di 4-7 giorni. Se dura meno di 2 giorni, si chiama "mestruazione eccessiva", e se dura più di 8 giorni, si chiama "mestruazione eccessiva", e c'è la possibilità che qualche tipo di malattia sia in agguato.
In generale, la quantità di sangue mestruale è massima il secondo giorno, e molte persone diminuiscono gradualmente dal terzo giorno.

Ciclo mestruale standard
L'intervallo dal giorno in cui iniziano le mestruazioni al giorno prima dell'inizio delle mestruazioni successive è chiamato ciclo mestruale. Il ciclo mestruale normale è di 25-38 giorni. Le mestruazioni con un ciclo mestruale di 24 giorni o meno sono chiamate "mestruazioni frequenti" e le mestruazioni con un ciclo mestruale di 39 giorni o più sono chiamate "oligomenorrea" e ci possono essere cause patologiche.

Il ciclo mestruale è regolato dall'equilibrio secretorio di estrogeni e progesterone, e se l'equilibrio secretorio è disturbato, è probabile che il ciclo mestruale sia disturbato.
L'equilibrio della secrezione ormonale femminile tende ad essere disturbato da stress, fatica e cattive condizioni fisiche e molte donne soffrono di mestruazioni irregolari.

Cambiamenti che avvengono nella mente e nel corpo con il ciclo mestruale

Il ciclo mestruale è regolato dall'equilibrio secretorio di estrogeni e progesterone.
Il periodo di alta secrezione di estrogeni dalla fine delle mestruazioni all'ovulazione è chiamato "fase follicolare", e il periodo di alta secrezione di progesterone dalla fine dell'ovulazione all'inizio del periodo successivo è chiamato "fase luteale".

1. La fase follicolare (bassa temperatura) è un periodoIl ciclo mestruale è il seguente.

Il follicolo primordiale, che è la fonte dell'uovo nell'ovaio, è maturato. Una grande quantità di ormone follicolare (estrogeno) viene secreta dai follicoli maturi e, di conseguenza, l'endometrio si ispessisce gradualmente
La secrezione di estrogeni è la più attiva, i nervi parasimpatici sono attivi e l'umore è stabile. È tempo di

essere gentili, estroversi e positivi.

Il metabolismo diventa attivo. È un momento in cui la circolazione sanguigna migliora, la pelle diventa idratata, i capelli diventano lucidi e appare la bellezza di una donna.

2. Il periodo di ovulazione (periodo ad alta temperatura) per diversi giorni prima e dopo l'ovulazione diventa sempre più instabile.
Gli ormoni che promuovono l'ovulazione vengono rilasciati dal cervello e le uova vengono escrete dai follicoli maturi. Questa si chiama ovulazione. Se un ovulo ovulato incontra uno sperma e viene fecondato, potresti rimanere incinta. Il muco cervicale cambia anche in preparazione alla ricezione dello sperma, facendo sì che le perdite vaginali diventino acquose e fibrose.
L'ormone luteinizzante viene secreto transitoriamente dal cervello per promuovere l'ovulazione (picco di LH), che può far staccare leggermente l'endometrio e sanguinare dalla vagina, ma una piccola quantità non è un problema.
Durante l'ovulazione, la capsula ovarica può rompersi e causare sanguinamento nella cavità addominale o nella capsula ovarica, causando dolore nell'addome inferiore sul lato dell'ovulazione. Se hai molte emorragie, potresti sottoporti a un intervento chirurgico per fermare l'emorragia,

quindi se hai molto dolore, consulta un ginecologo. La temperatura corporea basale scende leggermente, quindi aumenta e passa a un periodo di alta temperatura.

Improvvise fluttuazioni dell'equilibrio ormonale possono causare alti e bassi emotivi, come sentirsi energici o depressi. Il mio umore sta diventando sempre più instabile.

La secrezione di estrogeni è ridotta e il tono della pelle diventa instabile. La secrezione di sebo sulla superficie della pelle aumenta.

3. La fase luteale (periodo ad alta temperatura) tende a causare disturbi fisici e mentali

Dopo l'ovulazione, il follicolo si trasforma nel corpo luteo. Questo corpo luteo secerne una grande quantità di progesterone, il che rende l'endometrio più spesso e più adatto alla gravidanza. Soffro di problemi come rigidità e dolore al torace, costipazione e rigidità delle spalle. Possono verificarsi sintomi come aumento della sonnolenza e, al contrario, insonnia.

Gli effetti del progesterone possono farti sentire frustrato e ansioso. È un momento in cui sei incline a uno stato mentale instabile, come arrabbiarti o non essere motivato.

Gli effetti del progesterone sono forti e la temperatura corporea aumenta per accumulare acqua nel corpo, quindi è anche un momento in cui è probabile che si verifichino gonfiore e acne, oltre a macchie e lentiggini. Poiché la circolazione sanguigna tende ad essere scarsa, le occhiaie e l'ottusità sono più evidenti.

4. Le mestruazioni (periodo di bassa temperatura) sono il tempo che intercorre tra la malattia e il recupero

Se non si impianta, l'endometrio si staccherà e sarà escreto con il sangue. La secrezione di progesterone ed estrogeni diminuisce drasticamente, causando vari cambiamenti nel corpo. Quando la temperatura corporea si abbassa, la circolazione sanguigna in tutto il corpo si deteriora e potresti avvertire freddo, mal di testa, mal di stomaco e crampi mestruali. Inoltre, il sanguinamento mestruale può causare anemia e può farti sentire stanco.

È un periodo in cui sei incline alla depressione a causa dei crampi mestruali. Verso la fine del ciclo, inizia la secrezione di estrogeni e fuggi dal tuo umore depresso.

Una cattiva circolazione sanguigna rende più facile la comparsa di ottusità e occhiaie. Alcune persone hanno difficoltà a curare eruzioni cutanee, eczemi e pelle ruvida perché la loro pelle tende a essere sensibile.

Ci sono differenze individuali nel ritmo del corpo e della mente dovute al ciclo mestruale.

Il ciclo mestruale è regolato dalla secrezione di ormoni

femminili ed è mantenuto pressoché costante, sebbene vi siano differenze individuali.

Se il ciclo mestruale o la durata continua a essere troppo breve o troppo lungo, potrebbe esserci qualcosa di sbagliato nell'utero, nelle ovaie o nel cervello che comanda la secrezione ormonale. I disturbi delle mestruazioni possono portare ad anemia e infertilità, quindi fai una visita ginecologica una volta.

È anche una buona idea prendere l'abitudine di registrare la temperatura corporea basale in modo da poter comprendere il ciclo mestruale e lo stato dell'ovulazione.

Altri possibili sintomi del PMDD sono:
- crampi, gonfiore e tenerezza del seno
- mal di testa
- dolori articolari e muscolari
- tristezza e disperazione
- irritabilità e rabbia
- sbalzi d'umore estremi
- voglie di cibo o abbuffate
- attacchi di panico o ansia
- mancanza di energia
- difficoltà di concentrazione
- problemi di sonno

Analogamente alla depressione perinatale, si ritiene che il

PMDD sia legato ai cambiamenti ormonali. I suoi sintomi spesso iniziano subito dopo l'ovulazione e iniziano ad attenuarsi una volta che hai le mestruazioni.

Alcune donne liquidano il PMDD come un brutto caso di sindrome premestruale, ma il PMDD può diventare molto grave e includere pensieri di suicidio.

7. Depressione stagionale

La depressione stagionale, chiamata anche disturbo affettivo stagionale e clinicamente conosciuta come disturbo depressivo maggiore con un modello stagionale, è una depressione legata a certe stagioni. Per la maggior parte delle persone, tende a verificarsi durante i mesi invernali.

I sintomi spesso iniziano in autunno, quando le giornate iniziano ad accorciarsi, e continuano per tutto l'inverno.

Essi includono:
- ritiro sociale
- aumento del bisogno di dormire
- aumento di peso

sentimenti quotidiani di tristezza, disperazione o indegnità

La depressione stagionale può peggiorare con l'avanzare della stagione e può portare a pensieri suicidi. Quando arriva la primavera, i sintomi tendono a migliorare. Questo potrebbe essere legato ai cambiamenti nei ritmi del tuo corpo in risposta all'aumento della luce del giorno.

8. Depressione situazionale

Ci sono diversi tipi di depressione. Una di queste è la depressione situazionale; è un disturbo di adattamento che è causato da eventi stressanti. In altre parole, la depressione situazionale è una risposta a situazioni traumatiche che possono rendere difficile la vita quotidiana.

Tuttavia, a volte, non si riesce a regolare lo stress e le risposte emotive. I sentimenti negativi, ansiosi o depressivi emergono e sconvolgono la tua vita. Potreste essere stati in grado di gestire lo stress in modo sano per tutta la vita. Ma all'improvviso, succede qualcosa che sembra gettarvi oltre il limite.

Un importante cambiamento di vita può portare emozioni intense in chiunque. Ma se i tuoi sentimenti sono così intensi da sconvolgere la tua vita e non diminuiscono in pochi giorni o settimane, potresti avere a che fare con la depressione situazionale.

Secondo i criteri diagnostici, qualcuno che sperimenta più stress del solito dopo un evento traumatico, significativo o sconvolgente della vita può avere una depressione situazionale. Questo è particolarmente vero se i tuoi sintomi comportamentali ed emotivi appaiono entro tre mesi dall'evento. Se i tuoi sintomi di depressione non sono causati da un altro disturbo psicologico e stanno interferendo con la tua vita, potresti avere questo disturbo di adattamento.

Ma è portato da eventi o situazioni specifiche, come ad esempio:

la morte di una persona cara una malattia grave o un altro evento che mette in pericolo la vita affrontare un divorzio o problemi di custodia dei figli essere in relazioni emotivamente o fisicamente violente
essere disoccupati o affrontare gravi difficoltà finanziarie
dover affrontare grossi problemi legali

Naturalmente, è normale sentirsi tristi e ansiosi durante eventi come questi - anche per ritirarsi dagli altri per un po'. Ma la depressione situazionale si verifica quando questi sentimenti iniziano a sembrare sproporzionati rispetto all'evento scatenante e interferiscono con la tua vita quotidiana.

I sintomi della depressione situazionale tendono ad iniziare entro tre mesi dall'evento iniziale e possono includere:

- pianto frequente
- tristezza e disperazione
- ansia
- cambiamenti di appetito
- difficoltà a dormire
- dolori e malesseri
- mancanza di energia e stanchezza

- incapacità di concentrarsi
- ritiro sociale

Sintomi di depressione

Un buon modo per diagnosticare la depressione è che alcuni dei seguenti sintomi durino per più di due settimane: Ogni sintomo si sente come tutti, ma se si sente quasi costante tutto il giorno e dura a lungo, può essere un segno di depressione.

Umore depresso (umore depresso, pesante)

Non importa cosa faccio, non è divertente, non mi interessa niente

Sono stanco ma non riesco a dormire, dormo tutto il giorno, mi sveglio molto prima del solito

Sono frustrato e mi sento come se fossi sollecitato da qualcosa

Sento di aver fatto qualcosa di sbagliato e mi biasimo, mi sento inutile

Il pensiero è indebolito

Voglia di morire

Ci sono anche segni che si possono vedere dai dintorni

Nella depressione, non ci sono solo cambiamenti nell'umore che si sentono, ma anche cambiamenti che si possono vedere dall'ambiente circostante. Se le persone intorno a te notano un tale cambiamento che è "insolito", potresti soffrire di depressione.

- L'espressione è scura
- Le lacrime sono diventate fragili
- Reazione lenta
- Irrequieto
- Aumenta la guida in stato di ebbrezza

C'è anche un segno che appare sul corpo
- I cambiamenti possono apparire nel corpo prima che la depressione venga notata.
- Non avere appetito
- Sentire il corpo pesante
- Si stanca facilmente
- Nessuna libido
- Mal di testa e spalle rigide
- Palpitazioni
- Mal di stomaco
- Tendenza alla stitichezza
- vertigini
- Sete

Questa è solo una guida.

Se pensi che ci siano questi cambiamenti, prima consulta un esperto. Ci sono specialisti in psichiatria e medicina psicosomatica negli ospedali generali, o nelle cliniche psichiatriche, ma se non sai dove andare, puoi consultare il tuo medico che ti conosce bene, o puoi andare nella tua città natale. Usiamo lo sportello di consultazione del centro di salute pubblica o del centro di salute mentale e benessere.

Raccogliere informazioni unilaterali su Internet o nei libri e fare un'autodiagnosi non è raccomandabile perché ritarda solo la possibilità di ricevere un trattamento medico corretto.

I criteri diagnostici per la depressione che si usano al giorno d'oggi sono molto facili da capire, e sembra che si possa facilmente diagnosticare se si ha la depressione. Tuttavia, è difficile fare una diagnosi accurata per capire se si è veramente depressi o che tipo di depressione si ha senza un giudizio adeguato da parte di uno specialista.

Trattamento per la depressione

Ci sono vari metodi di trattamento:
Se la causa della depressione è chiara, si può pensare di eliminarla.

Per esempio, se la causa è una malattia fisica, questa viene trattata, se si sospetta l'effetto del farmaco, il farmaco viene interrotto se possibile, e se ciò non è possibile, il farmaco viene cambiato con un altro farmaco. Un approccio psicoterapeutico è efficace per coloro che sono personalmente suscettibili allo stress. Anche con questo tipo di depressione, se la depressione è grave, il trattamento con antidepressivi viene eseguito in parallelo.

Se la depressione è determinata, il trattamento con antidepressivi è generalmente dato. Tuttavia, anche con la depressione tipica, se la condizione è lieve, l'effetto del farmaco può non essere così alto, quindi la terapia farmacologica non è assoluta. Controlla con il tuo medico se hai davvero bisogno del farmaco prima di ottenere il trattamento.

Ci sono varie medicine

Ci sono diversi gruppi di antidepressivi, dagli SSRI (inibitori selettivi della ricaptazione della serotonina) e SNRI (inibitori della ricaptazione della serotonina-noradrenalina) agli antidepressivi triciclici. Inoltre, vengono utilizzati anche antidepressivi e agenti che inducono il sonno, a seconda dei sintomi. Inoltre, alle persone che hanno sperimentato la mania o l'ipomania viene diagnosticata la mania (disturbo bipolare) invece della depressione, e vengono utilizzati stabilizzatori dell'umore. Quale medicina funziona dipende dalla persona che riceve il trattamento, e anche per la stessa persona, dipende dallo stadio della malattia.

Come prendere la medicina

Nel trattamento farmacologico, chiedete prima al vostro medico di spiegare gli effetti positivi e gli effetti collaterali del farmaco prescritto. È anche importante rispettare la quantità e la frequenza prescritte. Se pensate che i sintomi non siano così gravi, o se siete preoccupati per gli effetti collaterali, se riducete la quantità o la frequenza da soli, il medico deciderà che l'effetto non sarà sufficiente e aumenterà la quantità del farmaco, o un altro farmaco. Dovrà pensare a misure come cambiare a.

Se hai qualche preoccupazione sugli effetti collaterali, non giudicare da solo, ma parla con il tuo medico per trovare una soluzione. Questo tipo di approccio con il medico curante porta anche allo sviluppo di un rapporto di fiducia.

Parla con il tuo medico se hai delle preoccupazioni o dei dubbi sul trattamento

Se hai dei dubbi o delle preoccupazioni nel procedere con il trattamento, parlane con il tuo medico. Avere un rapporto con il tuo medico che può parlarti di qualsiasi cosa è il primo passo nel trattamento della depressione.

Se il tuo medico non risponde alle tue preoccupazioni o domande sul trattamento, o se trovi imbarazzante parlare con te, considera la possibilità di ascoltare altri specialisti. Questo è chiamato un secondo parere. Sentire le opinioni di più specialisti può essere un modo per ottenere cure mediche convincenti.

umore depresso, stato depresso, depressione

Sintomi come " malumore" e "ansia" sono chiamati stati d'animo depressivi. Lo stato depressivo è uno stato di forte umore depresso. Il termine depressione è più comunemente usato nella vita quotidiana, ma sembra che la psichiatria usi spesso il termine depressione. Quando questo tipo di depressione è più grave di un certo livello, si chiama depressione.

Classificazione della depressione

Ecco alcuni metodi tipici per classificare la depressione. Può essere divisa in fattori ambientali estrinseci o somatici, intrinseci, psicogeni o di personalità in termini di causa. La depressione somatica è quando un disturbo cerebrale come il morbo di Alzheimer, un disturbo fisico come l'ipotiroidismo, o un farmaco come gli steroidi adrenocorticali causa la depressione.

La depressione intrinseca è un tipo tipico di depressione, e gli antidepressivi di solito funzionano bene e si dice che migliorano in un periodo di tempo senza trattamento. Tuttavia, va da sé che è meglio trattare il paziente il più presto possibile, considerando la sofferenza della persona e il rischio di suicidio.

Se si ha uno stato maniacale, si parla di disturbo bipolare.

La depressione psicogena è quando la personalità e l'ambiente sono fortemente associati alla depressione. La neuropatia depressiva (depressione nevrotica) è talvolta chiamata, e quando l'influenza ambientale è forte, è anche chiamata depressione reattiva.

Recentemente, la classificazione da una prospettiva diversa dalla classificazione della depressione che enfatizza tali cause è spesso utilizzata. Per esempio, i criteri diagnostici dell'American Psychiatric Association per il DSM-IV hanno una voce chiamata "disturbo dell'umore", che si divide in disturbo depressivo e disturbo bipolare. Inoltre, i disturbi depressivi includono i disturbi depressivi maggiori con determinate caratteristiche e gravità dei sintomi, e la distimia meno grave ma di lunga durata.

I due metodi di classificazione di cui sopra sono classificazioni da punti di vista diversi, e ognuno ha i suoi punti di forza e di debolezza. Alcune persone a volte fraintendono che "depressione intrinseca = disturbo depressivo m

Causa / Fattore di insorgenza

Il tipo tipico di depressione è la depressione intrinseca, come detto sopra. Gli episodi depressivi sono chiamati episodi depressivi perché si dice che sono depressi per un certo periodo di tempo e migliorano senza trattamento. Gli episodi depressivi possono ripresentarsi dopo la guarigione.

Gli episodi depressivi possono essere innescati da stress ambientale, ma possono anche verificarsi senza causare nulla. Si ipotizza che i neurotrasmettitori nel cervello, come la serotonina e la noradrenalina, siano compromessi in questi tipi di depressione. Tuttavia, questo è anche considerato perché i farmaci che agiscono sulla serotonina e la noradrenalina possono essere efficaci nella depressione, e non è stato ancora completamente dimostrato.

Bisogna considerare che non è ancora chiaro se la serotonina o la noradrenalina siano coinvolte nella depressione con possibili cause, come la depressione fisica e la depressione personalità-ambiente descritta all'inizio. Facciamolo.

Per esempio, uno dei farmaci noti che causano depressione è l'interferone (IFN). Si dice che la causa della depressione causata dall'IFN sia legata all'azione dell'IFN, che viene leggermente trasferito dal sangue al cervello, all'azione attraverso la corteccia surrenale e la tiroide, e all'azione legata alla dopamina e all'interleuchina. È complicato.

D'altra parte, in uno stato di depressione come l'essere relativamente sano in vacanza, l'influenza della personalità è spesso grande, e l'influenza dei neurotrasmettitori non sembra essere così grande. In questi casi, il consiglio che "la depressione non è che il tuo cuore è debole o indulgente, e che la serotonina, la noradrenalina, ecc. non funzionano bene, quindi dovresti prendere medicine e riposarti" è l'opposto. Può essere efficace.

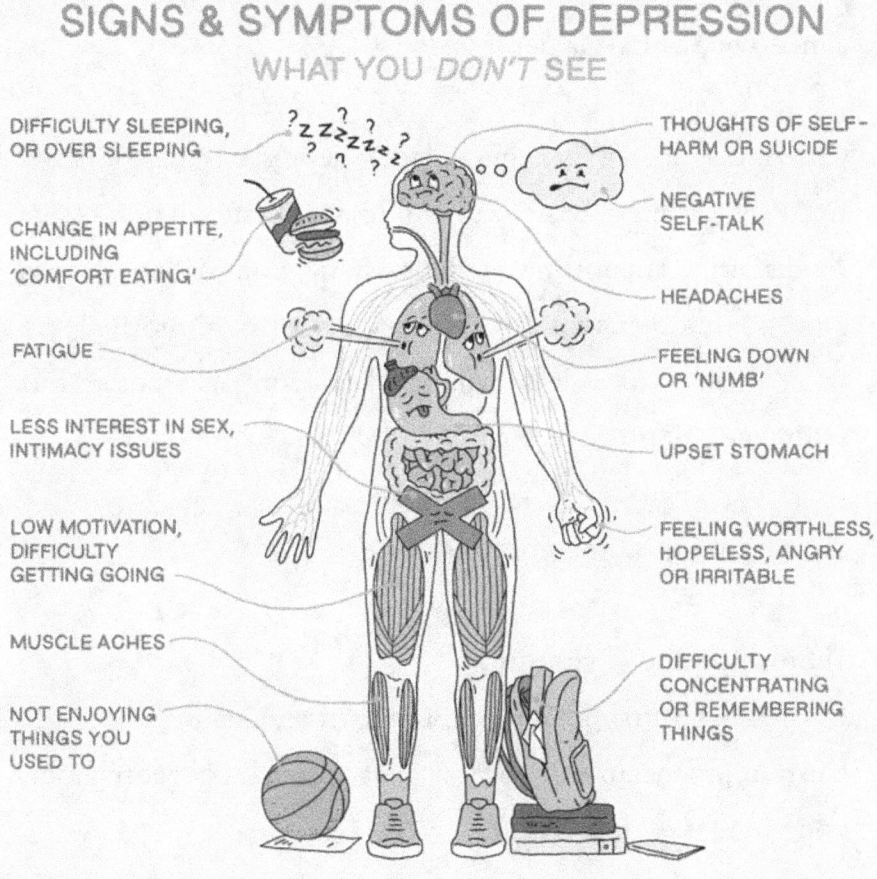

Sintomi

Sintomi comuni della depressione. È anche importante per la diagnosi precoce. Se notate un cambiamento nel vostro stato fisico o mentale che è diverso dal vostro solito, o se siete in giro e se notate l'aspetto di una persona diversa, pensate almeno una volta alla depressione.

Criteri diagnostici per gli episodi depressivi maggiori del DSM-IV. Criteri abbastanza rigidi (come il fatto di non essere soddisfatti a meno che la depressione non sia abbastanza grave), come "quasi tutto il giorno, quasi ogni giorno", "in tutte, o quasi tutte le attività", e "esistenti nelle stesse due settimane". Si prega di notare.

Sintomatologia nella depressione

1) Sintomi che si sentono
Depresso, sentirsi pesante, depresso, triste, ansioso,
frustrato, mancanza di energia, mancanza di concentrazione, non vuoi fare
quello che ti piace, preoccuparsi dei dettagli, sentirsi male come se avessi fatto qualcosa e incolpare te stesso
pensare cose brutte, voler morire, non riuscire a dormire

2) Sintomatologia vista dai dintorni

Espressione facciale scura, lacrime fragili, reazione lenta, irrequietezza, aumento esponenziale di bere

3) Sintomi del corpo

Perdita di appetito, stanchezza, affaticamento, mancanza di libido, mal di testa, spalle rigide,

palpitazione, mal di stomaco, costipazione, vertigini, sete.

Episodio depressivo maggiore

Cinque (o più) dei seguenti sintomi sono presenti durante le stesse due settimane, causando cambiamenti nella funzione premorbosa. Almeno uno di questi sintomi è (1) umore depresso o (2) perdita di interesse o gioia.

Nota: Ovviamente, non include la malattia fisica generale o i sintomi di deliri o allucinazioni che non corrispondono all'umore.

Stato d'animo depressivo quasi tutto il giorno, quasi ogni giorno, come indicato dalla dichiarazione della persona stessa (ad esempio, sensazione di tristezza o di vuoto) o dall'osservazione di altri (ad esempio, sembra versare lacrime).

Nota: i bambini e gli adolescenti possono sentirsi frustrati.

Diminuzione significativa dell'interesse e della gioia in tutte o quasi tutte le attività, quasi tutto il giorno, quasi ogni giorno (come indicato da una propria dichiarazione o dall'osservazione di altri).

Significativa perdita o aumento di peso (per esempio, un cambiamento del 5% o più del peso corporeo in un mese), o perdita o aumento quasi quotidiano dell'appetito senza una dieta.

Nota: considerare anche che per i bambini non si vede l'aumento di peso previsto.

Insonnia quasi quotidiana o sonno eccessivo.

Agitazione o arresto psicomotorio quasi quotidiano (osservabile da altri, non solo una sensazione soggettiva irrequieta o maledetta).

Affaticamento quasi quotidiano o diminuzione dell'energia.

Senso quasi quotidiano di inutilità, o senso di colpa eccessivo o inappropriato (a volte delirante, non solo colpevole di incolpare se stesso o di stare male).

Scarso pensiero e concentrazione, o difficoltà a prendere decisioni quasi quotidianamente (sia per propria dichiarazione che per quella di altri).

Pensieri ripetitivi sulla morte (non solo la paura della morte), ideazione suicida ripetitiva, tentativi di suicidio, o piani espliciti di suicidio senza alcun piano particolare.

B I sintomi non soddisfano i criteri per gli episodi misti.

D I sintomi non sono dovuti agli effetti fisiologici diretti della sostanza (es. sostanza d'abuso, farmaci) o a una malattia fisica generale (es. ipotiroidismo).

E I sintomi non sono ben spiegati dalle reazioni di lutto. Cioè, dopo aver perso una persona cara, i sintomi durano per più di 2 mesi, o c'è una significativa disfunzione, morbilità di inutilità, ideazione suicidaria, sintomi psicotici, deterrenza psicomotoria. È caratterizzato da questo.

Trattamento

Il solito modo di pensare al trattamento della depressione
Attività di sensibilizzazione come "la depressione è un raffreddore nel cuore. Prendiamo le medicine e riposiamoci il più presto possibile" può diffondersi in modo inappropriato. Sento che è aumentato il numero di pazienti che cercano di curare con i farmaci, trascurando i problemi mentali che devono essere considerati, e che è aumentato il numero di medici che non hanno altra scelta che cambiare il tipo di farmaco da dare. Ecco le idee principali per trattare la depressione.

Considerare se una malattia fisica o un farmaco sono la causa della depressione o la influenzano. Se possibile, considerare il trattamento della malattia fisica o l'interruzione o il cambiamento del farmaco. Ancora, se la depressione è grave, si usa anche una terapia antidepressiva.

Se la depressione non è legata alla malattia fisica o ai farmaci e la depressione soddisfa i criteri indicati nella tabella 2, considerare la terapia antidepressiva. Tuttavia, ci sono rapporti secondo cui gli antidepressivi non sono molto efficaci quando la depressione è lieve, quindi l'efficacia prevista e gli effetti collaterali degli antidepressivi devono essere attentamente considerati. Inoltre, nello stato depressivo del disturbo maniaco-depressivo, come regola generale, gli antidepressivi non vengono utilizzati, e vengono prescritti farmaci classificati come stabilizzatori dell'umore.

Se lo stress ambientale è elevato, considerare se può essere regolato e affrontarlo. Se sei una persona depressa che non è stata in grado di adattarsi bene in varie situazioni in passato e hai un problema di personalità da considerare, dovresti considerarlo insieme come una psicoterapia.

Terapia antidepressiva

Recentemente, i cosiddetti SSRI (inibitori della ricaptazione della serotonina) sono spesso usati quando la terapia antidepressiva sembra essere preferibile.

Si pensa spesso che gli SSRI abbiano pochi effetti collaterali, ma mal di testa, diarrea e nausea sono comuni. Inoltre, quando si inizia a prendere il farmaco, si può avere una sindrome da serotonina, e quando si perde o si smette di prendere il farmaco, si può avere una sindrome da astinenza, che può farvi sentire più ansiosi e irritati.

Si possono sentire storie come "gli SSRI hanno reso possibile per i medici non psichiatrici trattare la depressione", ma non è così facile da usare. Anche se la politica di trattamento farmacologico può essere indicata dalla classificazione di SSRI o SNRI (inibitore della ricaptazione della serotonina noradrenalina), la differenza negli effetti collaterali e nelle interazioni farmacologiche tra i farmaci non è piccola. Per ogni farmaco, bisogna leggere i trattati e i foglietti illustrativi e usarli in modo appropriato. Prima di tutto, è importante prendere esattamente come prescritto.

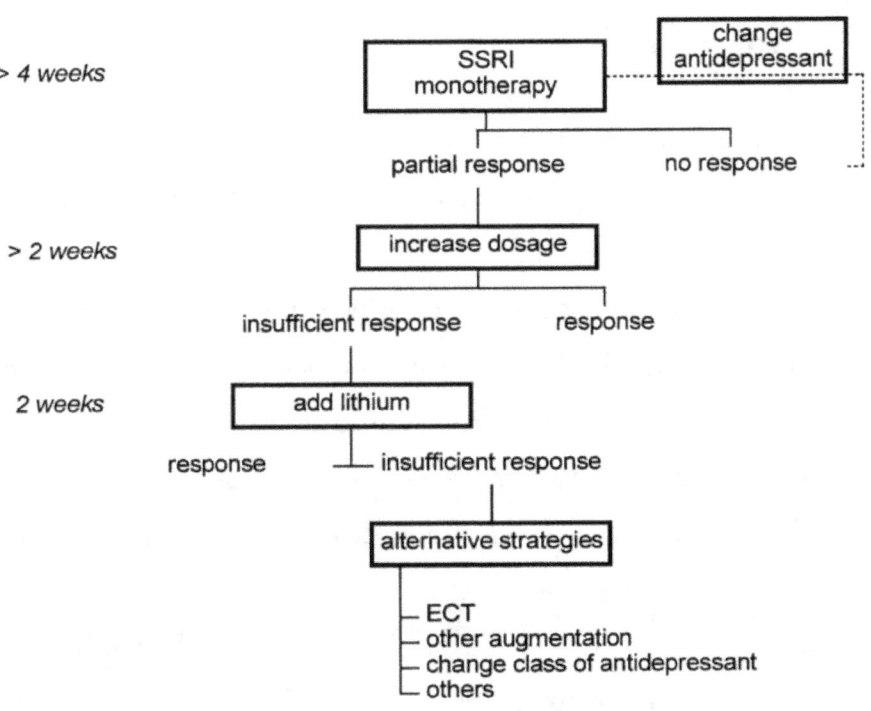

Altri trattamenti

La psicoterapia per la depressione comprende la terapia cognitivo-comportamentale e la terapia interpersonale. Come una delle terapie cognitivo-comportamentali, la rielaborazione finalizzata al ritorno al lavoro sta attirando l'attenzione, anche se ci vuole tempo per verificarne l'efficacia. La terapia elettro-convulsivante per gli anziani, che sono inclini alla depressione intrattabile e agli effetti collaterali degli antidepressivi, è anche un'opzione importante.

Progresso

Non è facile descrivere il corso generale della depressione in un'epoca in cui la gamma di depressione è diffusa e la gente pensa alla "depressione" in modo diverso.
La depressione, che è molto influenzata dalla malattia fisica e dai farmaci, è la chiave per la cura della malattia fisica e se il farmaco può essere ridotto o cambiato.
La depressione diagnosticata come "depressione intrinseca" o "disturbo depressivo maggiore senza altri disturbi psichiatrici" è spesso trattata con antidepressivi e viene curata ad un alto tasso. Tuttavia, la terapia antidepressiva e la psicoterapia per prevenire le recidive devono essere adeguate. D'altra parte, se ti viene diagnosticata una "nevrosi

depressiva" o una "distimia", dipende da quanto puoi regolare l'ambiente e da quanto puoi pensare a come affrontare la tua personalità e la situazione con il tuo medico. I risultati variano molto.

Se ti viene diagnosticato un disturbo depressivo maggiore e sei accompagnato da disturbi come il disturbo d'ansia, il disturbo dei sintomi somatici e il disturbo di personalità, il trattamento è generalmente più complicato e migliore che con il solo disturbo depressivo maggiore. È spesso ritardato.

Consigli ai pazienti

Anche se si parla di depressione, il modo in cui ci si sente e come la famiglia risponde sarà molto diverso a seconda del tipo di depressione che si ha.

La cosa più importante è avere un medico affidabile. La cosa più importante è farsi consigliare dal proprio medico.

E non importa che tipo di depressione hai, ci saranno sempre giorni in cui ti sentirai meglio, non importa quanto tempo ci vorrà, quindi non pensare mai al suicidio.

È difficile dare consigli che valgano per il trattamento di tutte le persone con depressione, ma per esempio, con la depressione tipica, è difficile addormentarsi, mentre ci si sveglia presto la mattina e si sente anche al mattino. Per coloro che sono molto male, anche il consiglio "Cerchiamo di vivere una vita regolare presto a letto e alzarsi presto" può essere una parola che può essere angosciante o spingere. Si dice che quando si è depressi è meglio prendere medicine e riposare, ma è meglio pensare che questo vale anche per alcune depressioni.

Stato della ricerca

Il concetto di depressione può essere diventato più ambiguo man mano che l'ambito della depressione si è ampliato. La ricerca sulla depressione continua ad essere ampiamente studiata in termini di biologia e psicoterapia.
Il primo è lo sviluppo di nuovi antidepressivi. Farmaci con pochi effetti collaterali e forti effetti sono stati rilasciati poco a poco.
La ricerca che cerca di chiarire biologicamente la depressione include la ricerca biologica molecolare, la ricerca neuroendocrina, la ricerca con modelli animali e la ricerca di immagini. In particolare, la spettroscopia nel vicino infrarosso sta attirando l'attenzione come utile nella diagnosi della depressione.
Per quanto riguarda la psicoterapia, ci sono molti rapporti sulla terapia cognitivo-comportamentale, i programmi di ritorno al lavoro, la depressione nei bambini e la loro relazione con il suicidio.

"Depressione stagionale" Depressione in inverno 5 modi per rafforzare la tua mente

"Mi sento più depresso", "Mi sento depresso" e "Mi sento stanco e mi stanco facilmente". Qualcuno si sente così? Se sì, si sospetta una "depressione stagionale", con un'incidenza crescente dall'autunno all'inverno.

"Blu invernale" la cui insorgenza aumenta in inverno

Tra le depressioni, c'è la "depressione stagionale" in cui i sintomi compaiono ogni anno dall'autunno all'inverno. La malattia viene anche chiamata "disturbo affettivo stagionale" (SAD).

La depressione stagionale è caratterizzata dalla periodicità. Ogni anno, il sintomo comincia a comparire da ottobre a novembre, quando le ore di luce sono corte, e si riprende verso marzo, quando il sole è lungo. Da questa sintomatologia, esiste un altro nome, "winter blue" (depressione invernale).

La depressione stagionale è una malattia seria che può interferire con la vita quotidiana se i sintomi sono gravi.

Sintomi principali della depressione stagionale

☐ Spesso depresso ☐ Io

non riesco a svolgere il lavoro che ero in grado di fare prima

☐ Sono stanco e mi stanco facilmente, sono stanco di muovere il mio corpo

☐ Non riesco a godermi quello che mi sono goduto finora

La mia capacità di pensare e concentrarmi è chiaramente indebolita ☐ Dormo più a lungo del solito, non riesco ad alzarmi la mattina

☐ Il mio appetito è ridotto o aumentato, e mangio troppo, soprattutto carboidrati.

Perché l'insorgenza aumenta dall'autunno all'inverno

La ragione per cui la depressione stagionale è più probabile che si verifichi durante le stagioni autunnali e invernali è che la quantità di proteina chiamata "trasportatore di serotonina" (SERT) nel cervello fluttua significativamente quando le ore di luce diminuiscono. ..

Un team di ricerca dell'Università di Copenhagen in Danimarca ha condotto un test chiamato tomografia a emissione di positroni (PET) in pazienti con depressione stagionale e persone sane per vedere quali cambiamenti avvengono nei loro cervelli.

I risultati hanno mostrato che le persone con segni di depressione, specialmente quelle con insorgenza invernale, avevano livelli di SERT più alti del 5% rispetto a quelli con insorgenza estiva.

SERT regola la neurotrasmissione recuperando il neurotrasmettitore "serotonina" nel cervello. Livelli elevati di SERT e livelli carenti di serotonina contribuiscono alla depressione.

A causa del disturbo dell' "orologio del corpo"

Un'altra causa della depressione stagionale è il disturbo dell'"orologio del corpo". Un gruppo di ricerca del RIKEN Brain Science Institute ha studiato il motivo per cui l'orologio del corpo può essere disturbato in inverno.

Il corpo umano ha una funzione per regolare l'orologio del corpo chiamata "orologio circadiano", che regola il sonno e la veglia e il ritmo della secrezione ormonale. Un nervo chiamato "nucleo soprachiasmatico" nell'ipotalamo del cervello controlla l'orologio circadiano in tutto il corpo e agisce come un direttore d'orchestra.

Per esempio, il jet lag, il lavoro a turni e la vita irregolare possono causare malessere o sentirsi male perché il nucleo soprachiasmatico non funziona bene. Quando diventa buio in autunno o in inverno e l'orologio circadiano non può sincronizzarsi con la luce e l'oscurità del sole, la funzione fisiologica è influenzata.

Il gruppo di ricerca ha scoperto che ci sono due aree di regolazione dell'orologio circadiano, che si respingono in estate e aumentano la deviazione nella sincronizzazione, e si attraggono e diminuiscono in inverno. Si dice che il nucleo soprachiasmatico legga non solo il ciclo giornaliero ma anche il ciclo di un anno.

Migliora quando è esposto attivamente alla luce del mattino

Uno stile di vita regolare, in cui ci si sveglia la mattina e si prende il sole, è efficace per prevenire e trattare la depressione stagionale. A partire dall'autunno, quando il sole comincia ad accorciarsi, si dovrebbe approfittare delle passeggiate e del tempo di percorrenza per prendere attivamente la luce del mattino.

Quando si è esposti alla luce del sole durante il giorno, viene prodotta una sostanza chiamata serotonina. La serotonina è una fonte di melatonina, un ormone del sonno secreto dal cervello. Durante i mesi invernali, quando il sole è basso, la serotonina è ridotta e la melatonina non è sufficientemente prodotta.

La melatonina ha l'effetto di regolare l'orologio circadiano, come il ritmo stagionale, il ritmo sonno/veglia e il ritmo di secrezione ormonale, e la sua carenza rende più probabile la modulazione.

5 modi per alleviare la depressione stagionale

1 Mangiare una dieta nutrizionalmente equilibrata

Una carenza di serotonina causa disturbi nel funzionamento del cervello. È importante ottenere nella dieta abbastanza nutrienti come proteine, vitamine e minerali necessari per la produzione di serotonina. Le proteine come la carne, il pesce e la soia contengono "triptofano", che è uno degli aminoacidi essenziali necessari per la produzione di serotonina, quindi si raccomanda di assumerlo in giusta proporzione.

2 Esercizio fisico come camminare

Può darsi che non vogliate muovervi il più possibile nella stagione fredda, ma l'assuefazione all'esercizio fisico ha un grande effetto sulla mente e sul corpo.

Con un esercizio vigoroso, viene secreto uno dei neurotrasmettitori che controllano i sentimenti, la "dopamina", che ha l'effetto di migliorare i sintomi quando ci si sente depressi o si soffre di frustrazione.

Anche solo camminare velocemente alla luce del sole fa una grande differenza. Facendo esercizio, ci si può sentire rinfrescati e attivi. Iniziare l'esercizio fisico è il primo passo per migliorare il proprio stile di vita.

3 Trova qualcuno che possa parlare dei tuoi sentimenti

Se hai la depressione stagionale e stai soffrendo da solo, la tua depressione aumenterà. Quindi parliamo con qualcuno di questo sentimento.

Se non hai qualcuno vicino a te per parlare dei tuoi sentimenti, trova un gruppo di sostegno e parla lì dei tuoi sentimenti. Dovresti essere in grado di sentirti rinfrescato uscendo e incontrando persone il più possibile.

Oltre alla "partecipazione sociale" diretta, puoi anche entrare in contatto con la natura e la storia, avere degli hobby come trovare negozi nascosti nella zona, e chiacchierare con qualcuno.

4 Illumina la tua casa / luogo di lavoro

Tutto ciò che serve per migliorare la depressione stagionale è una maggiore esposizione alla luce naturale. Tuttavia, le giornate sono più corte in inverno, quindi è difficile farlo. Se possibile, è efficace sostituire l'illuminazione in casa o sul posto di lavoro con una più luminosa.

La "fototerapia ad alta intensità" è spesso utilizzata per il trattamento. Si tratta di un metodo di trattamento che regola l'orologio biologico e regola il ritmo biologico attraverso l'esposizione alla luce del sole o a una luce equivalente, e si dice che sia efficace in molti pazienti..

5 Creare e organizzare una "Elenco delle cose da fare"

Un mucchio di cose da fare può farvi sentire a disagio, ma un compito o un progetto ben organizzato e ben strutturato può alleviare la depressione e la depressione.

Crea una lista di cose da fare, dai priorità a ciò che puoi fare e sviluppa uno stile di produttività che ti si addice, chiarendo i tuoi obiettivi e compiti. È pieno di compiti intatti, liberandoti dal mal di testa. Se riesci a passare senza problemi da un compito all'altro, potresti essere meno depresso.

Disturbo dissociativo

Il disturbo dissociativo è una condizione in cui si perde il senso di se stessi. Per esempio, ci sono vari sintomi come il ricordo di un evento è completamente perso, la sensazione di essere in una capsula è irreale, e la persona è in un luogo che non conosce.

In queste circostanze, quello in cui appaiono più personalità in se stessi è chiamato disturbo di personalità multipla (disturbo dissociativo di identità). Quando appare una personalità, spesso non c'è memoria di un'altra personalità, il che causa vari problemi nella vita.

Si pensa che questi sintomi siano un tipo di reazione difensiva che si verifica nel tentativo di separare l'esperienza dolorosa da se stessi. Nel trattamento, è molto importante creare un ambiente sicuro e che i membri della famiglia e gli altri comprendano la malattia.

Sintomi del disturbo dissociativo d'identità

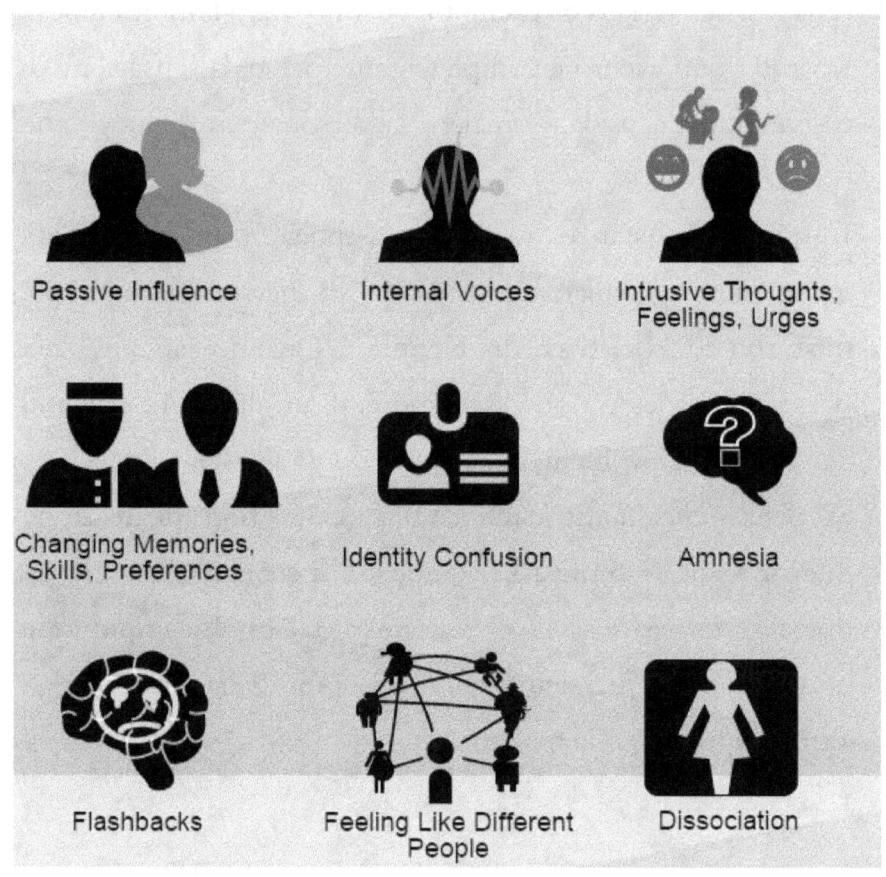

Cos'è il disturbo dissociativo?

La nostra memoria, coscienza, percezione e identità (identità dell'ego) sono essenzialmente unite. La dissociazione è una condizione in cui la capacità di organizzare queste sensazioni è temporaneamente persa. Per esempio, alcuni dei tuoi ricordi passati possono essere persi, puoi non sentire parte della tua percezione, o le tue emozioni possono essere paralizzate. Tuttavia, nello stato dissociato, possono apparire nuove percezioni e comportamenti che non sono normalmente sperimentati. I comportamenti anormali (corsa e altro) e la formazione di nuove personalità (disturbo di personalità multipla, sciamanesimo, ecc.) sono esempi tipici. Questi fenomeni di dissociazione, se leggeri e temporanei, possono verificarsi anche in persone sane.

Una condizione in cui questi sintomi sono gravi e interferiscono con la vita quotidiana è chiamata disturbo dissociativo. Si dice che la causa sia legata allo stress e al trauma. Ci sono molti tipi di questo trauma. Alcuni sono transitori, come i disastri, gli incidenti e le aggressioni, mentre altri si ripetono cronicamente, come gli abusi sessuali, la reclusione a lungo termine e le esperienze di combattimento.

Per evitare i danni causati da un'esperienza così dolorosa, si pensa che il disturbo dissociativo sia causato dalla sospensione mentale di alcune funzioni come un'evacuazione di emergenza.

Sintomi del disturbo dissociativo

I disturbi dissociativi hanno una varietà di sintomi. La linea guida diagnostica ICD-10 dell'Organizzazione Mondiale della Sanità elenca le seguenti categorie di disturbi dissociativi:

Amnesia dissociativa: Uno stress mentale che fa perdere la memoria di un evento. Molti riacquistano la memoria in pochi giorni, ma a volte può essere a lungo termine.

Lingua dissociativa: Sintomi come la perdita del senso di chi si è (identità), scomparsa e inizio di una nuova vita. Sono spesso esposti a stress estremo a scuola e al lavoro, e improvvisamente iniziano senza poterlo rivelare a nessuno, spesso perdendo la memoria di se stessi.

Catalessi: Il corpo diventa rigido e immobile.

Stupore dissociativo: L'incapacità di muoversi o di scambiare parole.

Depersonalizzazione: La sensazione di essere se stessi è compromessa e ci si sente come se ci si guardasse dall'esterno.

Epilessia dissociativa: Fattori psicologici che causano sintomi come il coma, l'immobilità e la perdita di sensazioni.

Inoltre, atassia isterica, sordità isterica, discinesia dissociativa, incontinenza, sordità psicogena, tremore psicogeno, spasmo dissociativo, spasmo d'ira, disturbo sensoriale dissociativo, ipoacusia psicogena, affaticamento nervoso degli occhi, sindrome di Gunther, confusione subacuta, confusione mentale acuta, sordità psicogena, confusione psicogena, disturbo di personalità multipla, confusione reattiva, confusione subacuta non alcolica, ecc. È una specie di.

Disturbo di personalità multipla: Di questi, il disturbo di personalità multipla è chiamato disturbo dissociativo dell'identità dal DSM (linee guida diagnostiche dell'Associazione Psichiatrica Americana) e presenta sintomi estremamente caratteristici. I pazienti hanno personalità multiple, e queste personalità si alternano. Le personalità spesso non si ricordano l'una dell'altra mentre appare un'altra personalità, il che spesso interferisce con la loro vita.

Questi sintomi dissociativi sono spesso difficili da capire e da credere. Si può essere sospettati di essere falsi, specialmente se è coinvolto il guadagno della malattia. Ci sono anche casi in cui è difficile anche per uno specialista fare la diagnosi.

Un punto importante nella comprensione dei disturbi dissociativi è che in passato sono stati di interesse per la psichiatria in molti modi senza il termine dissociazione. C'è una serie di disturbi psichiatrici chiamati sindrome legata alla cultura (un disturbo psichiatrico specifico di una particolare cultura), ma quasi tutti quelli elencati lì possono essere considerati disturbi dissociativi.

Trattamento dei disturbi dissociativi

Fondamenti del trattamento

La base del trattamento dei disturbi dissociativi è creare un ambiente di trattamento sicuro, capire le persone che vi circondano, come la vostra famiglia, e avere un rapporto di fiducia con il vostro medico. La causa principale dei disturbi dissociativi è l'incapacità di esprimersi agli altri a causa dello stress mentale. In altre parole, la parte dissociata della mente può essere espressa solo in una relazione rassicurante.

Molti dei sintomi dei disturbi dissociativi di solito si risolvono spontaneamente o passano ad altro dopo qualche tempo. Eliminare l'amnesia dissociativa, l'afonia, la paralisi, ecc. con l'ipnosi o la suggestione in una fase iniziale non solo è inefficace, ma può peggiorare i sintomi. È anche importante avere un atteggiamento di osservazione del corso naturale di questi sintomi mentre si fornisce un ambiente sicuro e opportunità di auto-espressione.

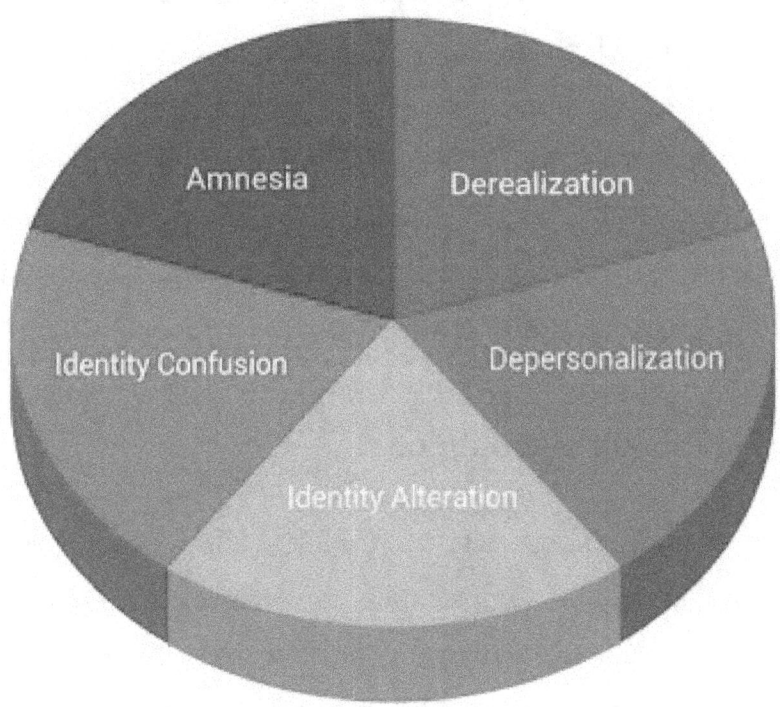

Sulla psicoeducazione e la fornitura di informazioni

È importante che il terapeuta abbia una buona conoscenza dei disturbi dissociativi in generale e sia proattivo nel fornire informazioni ai pazienti e alle loro famiglie. La maggior parte dei pazienti con disturbi dissociativi hanno il problema di essere diffidenti nei confronti della loro condizione e di apparire recitanti, il che può esacerbare i loro sintomi dissociativi. Inoltre, ci sono molti casi in cui la persona non capisce cosa le sta succedendo. Il primo passo per adattare l'ambiente è che la persona e la sua famiglia capiscano il disturbo e accettino i sintomi.

Terapia farmacologica

Si dice che non esiste un farmaco efficace per i disturbi dissociativi. Gli antipsicotici non sembrano essere molto efficaci per le allucinazioni, che sono spesso confuse con la schizofrenia. Piuttosto, i farmaci sono prescritti per le comorbidità che esacerbano i sintomi dei disturbi dissociativi. Per esempio, antidepressivi per i sintomi depressivi e tranquillanti per i sintomi nevrotici, compreso il PTSD.

Disturbi alimentari

I disordini alimentari includono l'anoressia nervosa, che induce a mangiare poco, e la bulimia nervosa, che mangia quantità estremamente grandi. L'anoressia nervosa ha sintomi come una ridotta assunzione di cibo, un'estrema perdita di peso dovuta al fatto di mangiare solo cibi a basso contenuto calorico e la perdita delle mestruazioni. La bulimia nervosa ha sintomi come l'incapacità di fermarsi una volta che si inizia a mangiare, mangiare e vomitare, pentirsi di aver mangiato troppo e diventare depressi. L'anoressia nervosa può portare alla bulimia nervosa.

Ha un forte desiderio di perdere peso, quindi non vuole essere trattato. Tuttavia, la denutrizione può portare a vari disturbi fisici e persino alla morte, quindi è necessario trasmettere l'importanza del trattamento. I disturbi alimentari sono spesso causati da vari stress, e la comprensione e il sostegno di chi ci circonda è molto importante.

Cos'è un "disordine alimentare"?

Hai un'anoressia nervosa morbosa o un'iperalimentazione?

Il comportamento alimentare anormale può essere ampiamente diviso in "anoressia nervosa", non voler mangiare, e "sovralimentazione", mangiare una quantità estremamente grande di cibo.

Un po' di anoressia nervosa o sovralimentazione è qualcosa che molte persone sperimentano. Sembra che molte persone abbiano sperimentato il crepacuore, perdendo l'appetito, o mangiando troppo per alleviare lo stress. Tuttavia, questi comportamenti alimentari anomali diventano eccessivi, e anche se si perde estremamente peso, non si riesce a smettere di mangiare, e si cerca di evitare l'aumento di peso sputando tutto ciò che si è mangiato dopo la sovralimentazione o usando lassativi e diuretici. Quando si vede l'atto di fare, questo solleva il sospetto di anoressia nervosa che richiede un trattamento.

Il trauma dietro l'anoressia nervosa e la sovralimentazione

Queste anomalie estreme del comportamento alimentare appaiono sullo sfondo dell'impegno estremo verso il peso, "non voglio ingrassare, voglio perdere peso", e la convinzione che "sono grasso e brutto → non ne valgo la pena". C'è uno sfondo psicologico come. Inoltre, soprattutto per le giovani donne, il valore sociale che "essere magri è bello" ha anche un effetto. Inoltre, l'esperienza che i genitori avevano un cattivo rapporto tra loro quando erano bambini e che i loro genitori e altre persone intorno a loro dicevano loro che il loro peso e la forma del corpo non erano buoni ha anche contribuito ai disturbi alimentari.

Anoressia nervosa negli adolescenti e bulimia nervosa nei 20 anni

Queste anomalie estreme del comportamento alimentare appaiono sullo sfondo dell'impegno estremo verso il peso, "non voglio ingrassare, voglio perdere peso", e la convinzione che "sono grasso e brutto → non ne valgo la pena". C'è uno sfondo psicologico come. Inoltre, soprattutto per le giovani donne, il valore sociale che "essere magri è bello" ha anche un effetto. Inoltre, l'esperienza che i genitori avevano un cattivo rapporto tra loro quando erano bambini e che i loro genitori e altre persone intorno a loro dicevano loro che il loro peso e la forma del corpo non erano buoni ha anche contribuito ai disturbi alimentari.

E' una malattia seria che può essere pericolosa per la vita.

I disturbi alimentari non sono semplici come un fallimento della dieta, e se lasciati senza controllo, possono portare a malattie fisiche e mentali e alla stanchezza, che può portare alla morte. Soprattutto nel caso dell'anoressia nervosa, se si perde peso al 60% o meno del proprio peso normale, si hanno maggiori probabilità di avere gravi complicazioni come l'insufficienza renale dovuta alla denutrizione, l'ipoglicemia, l'aritmia dovuta alle anomalie elettrolitiche, e infezioni come la tubercolosi. Inoltre, entrambi i tipi sono inclini a complicazioni di malattie mentali come la dipendenza da alcol e droghe, la depressione, la rabbia e il disturbo della personalità, e sono impulsivi come il taccheggio, il sesso sfrenato, l'autolesionismo e il suicidio. Ci sarà più azione.

Segni / Sintomatologia dei disturbi alimentari

Si tratta di anoressia nervosa?
Se pensi, guardiamo prima il peso

Si tratta di anoressia nervosa? Se pensa, guardiamo prima il suo peso. (Inserire i numeri in caratteri a metà larghezza)
1. Quanto sei alta?
cm

2. Se sei di questa altezza
 kg è il peso standard.

3. Qual è il tuo peso?
kg

4. Questo peso è il peso standard
 Diventa%.

Meno dell'80% del peso normale è troppo magro. Se si continua a pesare così tanto per mesi, può essere uno dei sintomi dell'anoressia nervosa. È improbabile che una persona sana e magra scenda sotto l'80% del peso normale.
Ha le mestruazioni?
Si parla di anoressia nervosa se pesa meno dell'80% del suo

peso normale e non ha le mestruazioni.

Se hai questi sintomi, potresti avere la bulimia.

Il peso è vicino al peso normale e non è né obeso né magro.

Non riesco a smettere di mangiare molto in poco tempo quando non ci sono membri della famiglia o persone come la mezzanotte.

Soprattutto quando si sente lo stress, si vuole mangiare troppo.

Sono felice di non dover pensare a nulla quando mangio, ma dopo aver mangiato, cado in un feroce odio per me stesso.

Sono preoccupato di mangiare troppo e di ingrassare, così mi metto un dito in gola e vomito, e cerco di espellerlo a forza usando lassativi e diuretici.

Trattamento dei disturbi alimentari

Nel caso di un disturbo alimentare, il paziente ha molta paura di ingrassare a causa del trattamento, quindi è difficile essere convinto del trattamento.
È importante che la scuola, la famiglia e gli amici collaborino con gli specialisti per sostenerli in modo che possano continuare il trattamento correttamente.

Inoltre, nel caso di pazienti adolescenti, il rapporto con i genitori e altri membri della famiglia spesso influenza la loro malattia, quindi è necessario che i membri della famiglia ricevano una consulenza su come trattare i pazienti e l'ambiente familiare. Sarà. Scegliere un ospedale che ha uno specialista di disturbi alimentari o un consulente per il trattamento. Il trattamento in ricovero è previsto anche se la perdita di peso è estrema o se l'ambiente familiare non è adatto al trattamento.
Il trattamento è centrato sulla psicoterapia per normalizzare l'impegno del peso e l'autovalutazione errata, e il trattamento farmacologico e la guida nutrizionale sono forniti come necessario con l'obiettivo di recuperare la mente e il corpo.

Disturbo di panico / disturbo d'ansia

Il disturbo di panico è una condizione in cui si hanno improvvisamente attacchi come palpitazioni, vertigini, sudorazione, sensazione di soffocamento, nausea e tremori agli arti, che interferiscono con la tua vita.

Questo attacco di panico è così forte che penso che sto per morire e sento che non posso controllarlo da solo. Di conseguenza, si diventa ansiosi su cosa fare se si ha un altro attacco, e si evitano luoghi e situazioni in cui è probabile che si verifichino attacchi. Soprattutto in uno spazio chiuso, come in un treno o in un ascensore, si può sentire che non si può scappare e non si può uscire.

Nel disturbo di panico, oltre al trattamento con le medicine, si fa una psicoterapia per abituarsi gradualmente a ciò che non si sa fare. È importante non esagerare e lavorare al proprio ritmo. Osserviamo l'ambiente circostante lentamente.

Cos'è il "disturbo di panico / disturbo d'ansia"?

Se soffri di un dolore inspiegabile simile alla morte che è difficile da capire per gli altri

Improvvisamente il mio petto è diventato doloroso e il mio cuore batteva solo "la campana". Il sudore freddo mi riempie la schiena.

"Forse morirò..." Sono stato portato all'ospedale in ambulanza mentre ero assalito da tale ansia, ma non importa dove guardassi, il mio corpo era normale, e nel frattempo i sintomi dolorosi sono scomparsi. Anche se ho l'ansia di ripetere queste crisi più e più volte, nessuno capisce. Coloro che sono venuti su questa pagina potrebbero aver sperimentato tali pensieri.

Il panico è una reazione preparata per sopravvivere al pericolo di morte

Molte persone vanno in panico quando si trovano di fronte a una minaccia improvvisa per la vita, come un incendio o un terremoto. Il cuore batte più velocemente, mi sento sanguinante, non riesco a pensare alle cose con calma e mi sento come se volessi urlare ad alta voce. Si può anche vomitare qualcosa nello stomaco. Potresti non riuscire a stare fermo e iniziare a correre alla cieca. Tutte queste reazioni sono utili per la tua fuga da nemici e disastri, e sono il programma di sopravvivenza del tuo corpo.

Tuttavia, alcune persone possono reagire come il panico quando non succede niente. Anche se non c'è pericolo di vita, si sentirà l'ansia e la paura come se fosse in pericolo di vita, e si sperimenteranno i sintomi che si possono vedere in uno stato di panico sul proprio corpo. Questo è chiamato un attacco di panico.

Mai morire per un attacco di panico

Anche se si dice che non c'è niente di male, se si hanno molte crisi pericolose per la vita, ci si preoccupa che si possa morire per questa crisi. Ma non morirete per un attacco di panico.

Non sono un ragazzo lupo

Il disturbo di panico comporta fondamentalmente ripetuti attacchi di panico. I membri della famiglia, gli amici e le persone al lavoro che erano inizialmente preoccupati, inizieranno gradualmente a fare storie quando scopriranno che non c'è niente che non va. È come la storia di un ragazzo lupo. È doloroso che nessuno lo capisca, anche se è davvero penoso, doloroso e ansioso.

1 in 100?

Il disturbo di panico non è affatto una malattia rara. Si dice che una o due persone su 100 avranno un disturbo di panico nel corso della loro vita. Per esempio, almeno una o due persone in una vettura di linea Shinkansen possono sperimentare un disturbo di panico. Recentemente, ci sono stati rapporti che più persone hanno un disturbo di panico.
Si dice anche che è più probabile che si verifichi nelle donne che negli uomini.

Segni / sintomi del disturbo di panico / disturbo d'ansia

Hai attacchi di panico, ansia anticipatoria o agorafobia?

Il disturbo di panico inizia con un attacco di panico. All'inizio, ci sono solo attacchi di panico, ma man mano che gli attacchi si ripetono, cominciano a comparire sintomi come l'ansia anticipatoria e l'agorafobia, quando non ci sono attacchi. Può anche essere accompagnato da sintomi depressivi.

Attacco di panico
Hai

ripetuti attacchi di panico inaspettati? Ripetuti "attacchi di panico inattesi" sono un sintomo caratteristico del disturbo di panico. Un "attacco inaspettato" è un attacco che si verifica indipendentemente dalla situazione. Pertanto, le crisi possono verificarsi durante il sonno.

Gli attacchi di panico possono essere osservati senza un disturbo di panico. Per esempio, una persona con claustrofobia può avere un attacco di panico quando è confinata in un piccolo spazio. Tuttavia, questa è una reazione che si verifica di fronte a una particolare situazione, non il "sequestro inaspettato" visto nel disturbo di panico.

Ansia anticipatoria

Hai sempre l'ansia che tu possa avere un'altra crisi? Quando si ripetono gli attacchi di panico, si diventa spaventati dalla prossima crisi anche quando non si hanno crisi. Ansie come "penso che avrò un altro attacco", "penso che avrò un attacco più grave la prossima volta", "morirò questa volta", e "sarò pazzo quando ci sarà il prossimo attacco" scompariranno. Questa è "ansia anticipatoria", un sintomo comune del disturbo di panico.

Un altro sintomo del disturbo di panico è che i cambiamenti comportamentali come l'abbandono del lavoro si verificano a causa dell'ansia di quando si verificherà un attacco.

Agorafobia

Il criterio diagnostico per l'agorafobia è che si è colpiti da una forte paura in più di una situazione, come i trasporti pubblici, aree circondate, linee, folle e così via. Ciò che queste scene hanno in comune è l'impossibilità di fuggire immediatamente e di ottenere facilmente aiuto, e la paura in tali circostanze specifiche è la vera natura dell'agorafobia.

L'agorafobia aiuta ad evitare determinati luoghi e situazioni dall'ansia.

Se non puoi andare in treno, in mezza ad una folla o in piccoli spazi, il tuo raggio d'azione sarà ristretto e il tuo comportamento sarà limitato, il che ostacolerà le tue attività sociali. Evitare luoghi e scene in cui si sperimenta l'agorafobia (attacco di panico) e sentire la paura dell'agorafobia dall'ansia (ansia anticipatoria) quando non si sa quando la prossima crisi si verificherà (comportamento di evitamento) è un altro. Se si sperimenta di nuovo un attacco di panico in questa occasione e si cade in un circolo vizioso di ansia e comportamento di evitamento, i sintomi del disturbo di panico diventeranno più forti.

Il trattamento richiede innanzitutto la rottura di questo circolo vizioso.

Prendendo ansiolitici e antidepressivi per ridurre l'ansia, ho riacquistato l'esperienza di successo di "essere in grado di fare ciò che non potevo fare di nuovo", e allo stesso tempo sentire che non stavo provando più ansia del necessario. L'obiettivo è riconquistare la mia vita sociale esplorando come mantenerla.

Come trattare il disturbo di panico

Per il trattamento del disturbo di panico

Trattamento con la medicina
Approccio psicoterapeutico c'è.

Trattamento con la medicina

Scopo del trattamento
L'obiettivo primario del trattamento farmacologico è quello di "prevenire gli attacchi di panico", seguito da "ridurre il più possibile l'ansia anticipatoria e l'agorafobia".

Farmaci comunemente usati
Generalmente, i primi farmaci utilizzati sono gli SSRI e altri antidepressivi e le benzodiazepine, un tipo di ansiolitico.

Quantità e numero di volte
Poiché gli effetti di questi farmaci variano da persona a persona, è necessario aumentare o diminuire o cambiare il farmaco mentre si controllano gli effetti. Per controllare correttamente l'effetto, prendete il farmaco nella quantità e nel numero di volte specificato dal vostro medico.

Il disturbo di panico è un disturbo in cui la terapia farmacologica è efficace. Non è una buona idea "curare solo con i sentimenti senza affidarsi alla medicina".

Parli con il suo medico se ha delle preoccupazioni o dei dubbi

Se avete preoccupazioni o dubbi sull'assunzione dei farmaci o sul trattamento in generale, non esitate a parlarne con il vostro medico per risolverli.

Approccio psicoterapeutico

Nel disturbo di panico, è importante utilizzare la psicoterapia oltre al trattamento farmacologico. In particolare, la terapia cognitivo-comportamentale ha dimostrato di essere efficace nel trattamento del disturbo di panico quanto il trattamento farmacologico.

Quando il farmaco comincia a funzionare e le crisi non si verificano, fa parte del trattamento sfidare gradualmente l'uscita, che non era buona.

Tuttavia, è vietato esagerare, quindi consultate il vostro medico o consulente e lavorate con l'intenzione di andare avanti lentamente passo dopo passo.

Disturbo del sonno

Il sonno è molto importante per la salute. Il sonno aiuta ad alleviare la fatica fisica e mentale, e ha anche il ruolo di stabilire la memoria e rafforzare la funzione immunitaria. Mantenere un sonno sano porta a una vita quotidiana vibrante.

La gente tende a pensare all'insonnia quando si parla di disturbi del sonno, ma è diventato chiaro che molte persone hanno problemi di sonno dovuti a varie malattie diverse dall'insonnia. Quando il sonno notturno è compromesso, sintomi come sonnolenza, sonnolenza e scarsa concentrazione appaiono anche durante il giorno. Si può dire che i problemi di sonno e i problemi di giorno hanno una relazione frontale. Se hai questi problemi di sonno o problemi di sonnolenza diurna per più di un mese, potresti avere qualche tipo di disturbo del sonno. Il trattamento dei disturbi del sonno dipende dalla causa. Conoscere il tuo stato di sonno e i tuoi problemi di sonno è importante per ottenere un trattamento adeguato.

Cos'è un disturbo del sonno?

Disturbo del sonno è un termine generale per varie malattie

Un disturbo del sonno è una condizione in cui si hanno

alcuni problemi di sonno. L'insonnia è comune, ma l'insonnia non è uguale all'insonnia. Ci sono varie cause di insonnia, comprese quelle causate dall'ambiente e dallo stile di vita, quelle causate da malattie mentali e fisiche, e quelle causate dai farmaci.

Inoltre, i disturbi del sonno includono non solo l'insonnia, ma anche molte malattie come l'avere sonno durante il giorno, esercizi e comportamenti morbosi che si verificano durante il sonno, e ritmi di sonno disturbati e irreversibili. Lo farò. Inoltre, i problemi di sonno sono spesso causati non solo da una causa o malattia, ma anche da una combinazione di diversi fattori.

L'esame sfaccettato e l'organizzazione di ciò che è sbagliato con il sonno, qual è la causa, i sintomi soggettivi e le informazioni oggettive porterà alla diagnosi e al trattamento appropriato.

Cosa c'è di sbagliato nei disturbi del sonno?

Cosa c'è di sbagliato nei disturbi del sonno? Per prima cosa, i disturbi del sonno possono interferire con la vita quotidiana e sociale. Quando i disturbi del sonno causano sonnolenza diurna, sonnolenza e scarsa concentrazione, interferiscono con la vita quotidiana e, in casi estremi, possono portare a incidenti.

Inoltre, se la privazione del sonno o i disturbi del sonno

persistono per un lungo periodo di tempo, si possono avere maggiori probabilità di sviluppare malattie legate allo stile di vita e la depressione. Per questi motivi, è importante affrontare adeguatamente i disturbi del sonno.

Segni / Sintomatologia

Segni e sintomi dei disturbi del sonno possono essere ampiamente suddivisi in 1) insonnia, 2) eccessiva sonnolenza diurna, 3) comportamento anomalo e percezione anormale / movimento anomalo che si verificano durante il sonno, e 4) problemi con il ritmo sonno / veglia. Può essere riassunto in uno. Ci sono anche sintomi come il russare e la sonnolenza che vengono segnalati dalle persone intorno a te.

Comprendi i segni e i sintomi sia quelli che ti danno problemi sia quelli che la gente ti fa notare, e chiedi a uno specialista di dare un giudizio adeguato sulla sospetta malattia.

Sintomatologia che si può notare

Insonnia (cattivo sonno, incapacità di riaddormentarsi a causa del risveglio a metà, risveglio al mattino presto, incapacità di dormire profondamente) → Controllate le malattie mentali, le malattie fisiche, i farmaci, e i seguenti disturbi del sonno, e poi determinate se avete o meno l'insonnia.

Ipersonnia (non posso fare a meno di dormire durante il giorno, faccio un pisolino e sto attento) → Controlla la privazione del sonno e le malattie che deteriorano la qualità del sonno. Esaminare l'ipersonnia Disestesia al momento di andare a letto (non riesco a dormire bene perché le gambe mi prudono o bruciano, o non riesco a tenere le gambe ferme, e peggiora dopo la sera) → Controllare la sindrome delle gambe senza riposo Problemi con il ritmo sonno/veglia (non riesco ad addormentarmi all'ora giusta e non riesco a svegliarmi all'ora desiderata) → Controllare il ritmo sonno/veglia nel diario del sonno Controllare il disturbo del ritmo circadiano del sonno

Sintomi segnalati dalle persone

Russare / Apnea (russare, trattenere il respiro quando si dorme, improvvisamente soffocare come se si stesse russando) → Controllare il vostro peso, bere, e farmaci Controllare per la sindrome di apnea del sonno Comportamento anomalo durante il sonno (comportamento di sonno, somniloquio, forte / urlando durante il sonno) → Controllare il rapporto con i sogni, se svegliarsi e svegliarsi, verificare la parasonnia Movimenti anomali durante il sonno (le gambe si muovono a scatti di notte o quando ci si addormenta) → Controllare le sensazioni anormali al momento di coricarsi Indagare disturbi del movimento periodico degli arti.

Conoscenza di base del sonno per per il nostro benessere

In nostro stato d'animo e le nostre ansie possono derivare dal modo in cui dormiamo?

Cos'è un disturbo del sonno?

I "disturbi del sonno" sono casi in cui c'è un problema con la quantità o la qualità del sonno. I sintomi dei disturbi del sonno possono variare da insonnia, ipersonnia, cambiamenti del programma del sonno e fenomeni psicosomatici anormali che si verificano durante il sonno.

Pertanto, i disturbi del sonno tipici da differenziare includono l'insonnia psicofisiologica (insonnia), la sindrome delle gambe senza riposo, il disturbo del movimento periodico degli arti e la sindrome dell'apnea notturna. Pertanto, la diagnosi di uno specialista è importante. Quando vai da un dottore, può essere utile avere un "diario del sonno" che controlli il tuo stato di sonno attuale una volta e registri l'ora di andare a dormire e l'ora della sveglia.

Disturbi del sonno tipici: L'insonnia

L'insonnia è il tipo più comune di disturbo del sonno. Difficoltà ad addormentarsi (difficoltà ad addormentarsi), svegliarsi frequentemente dopo aver dormito (difficoltà ad addormentarsi), svegliarsi troppo presto e avere problemi (risveglio mattutino), mancanza di riposo (difficoltà ad addormentarsi) Puoi vedere il tipo.

Se hai difficoltà a dormire la notte e non ti senti bene durante il giorno, hai l'insonnia. Le persone che si svegliano un po 'di notte ma possono dormire subito dopo, che sono abbastanza energiche durante il giorno e che si svegliano presto ma fanno una passeggiata e vivono felici non sono chiamate "insonnia".

Tipo di insonnia

Difficile addormentarsi
Un tipo che rende difficile addormentarsi anche se si entra nel futon.

Risveglio a metà strada
Un tipo che si sveglia molte volte nel cuore della notte e rende difficile addormentarsi di nuovo.

Risveglio mattutino
Un tipo che si sveglia presto la mattina e non riesce a dormire dopo.

Disturbo del sonno profondo
Un tipo che dorme leggermente e non sente un sonno profondo per il tempo del sonno.

Se sei molto stressato, sperimenterai "insonnia transitoria". Questo succederà a tutti. Tuttavia, se le misure prese in questo momento non sono appropriate, diventerà cronico (che dura per più di un mese). Se provi sensazioni dolorose senza addormentarti, diventerai più ossessionato dal dormire e presumerai che se non dormi per un certo periodo di tempo, avrai disabilità fisiche e mentali.

In altre parole, anche se lo stress mentale è alleviato, il "dormire stesso" diventa l'unica preoccupazione. In questi casi, che tu vada o meno a letto e ti addormenti comodamente stanotte è la "fonte di ansia" numero uno, e questa ansia può farti male alla testa e non puoi addormentarti. Paura dell'insonnia Molte persone sviluppano l'insonnia cronica a causa della formazione della cosiddetta "paura dell'insonnia".

In questo modo, non puoi dormire gradualmente, il che ti rende più probabile che ti stanchi e fai male durante il giorno. Inoltre, non mi sento bene perché tengo particolarmente a non riuscire a dormire. Se ciò accade, è necessario un trattamento. Il trattamento ha lo scopo di recuperare il tono diurno indebolito dall'insonnia.

L'assunzione di caffeina dopo cena può rendere difficile addormentarsi. L'azione della caffeina dura 4 ore. In altre parole, provoca insonnia. Tieni presente che le bevande energetiche in bottiglia e le bevande vitaminiche, così come il caffè e il tè, contengono una quantità sufficiente di caffeina.

Ad altri piace fare un bagno caldo prima di andare a letto. Questo ti impedirà di addormentarti. Se fai il bagno appena prima di andare a letto, perché non renderlo un po 'tiepido?

Andiamo a vedere quali sono le cause che provocano l'insorgere dell'insonnia.

Cause di insonnia

Fattori ambientali A causa di caldo, freddo, luminosità, differenza di orario, ecc.

Fattori fisici A causa dell'età, del sesso, della minzione frequente, del dolore, del prurito, ecc.

Fattori mentali A causa di preoccupazioni, frustrazione, stress mentale, ecc.

Fattori legati allo stile di vita A causa di alcol, nicotina, assunzione di caffeina, effetti collaterali dei farmaci, ecc.

Per l'"insonnia" vengono prescritte indicazioni sullo stile di vita come il miglioramento dell'ambiente in cui si dorme e della vita quotidiana, una corretta conoscenza e consigli sul sonno e sonniferi in base ai sintomi. Molte persone hanno l'immagine che i sonniferi "possono creare dipendenza" o "spaventare", ma se li prendi secondo le istruzioni del tuo medico, non c'è quasi nessun problema. Oltre alla terapia farmacologica, esiste la terapia cognitivo comportamentale. I dettagli vengono omessi, ma la terapia di controllo dello stimolo e la terapia di restrizione del tempo di sonno sono esempi tipici.

L'insonnia derivante dalla depressione

I disturbi del sonno come l'insonnia sono comuni. Ci sono vari sintomi di insonnia, ma sono caratterizzati da disturbi del sonno, risveglio mattutino e mancanza di sonno profondo. La caratteristica è che non puoi alzarti dal pavimento anche se sei sveglio. La diagnosi e il trattamento della depressione non possono essere migliorati con i soli sonniferi e richiedono un'adeguata assistenza psichiatrica. L'insonnia viene trattata parallelamente al trattamento della depressione.

Disturbo del ritmo circadiano del sonno

A causa dello stare alzati fino a tardi durante le vacanze estive, rimanere sveglio tutta la notte a studiare per gli esami e lavorare part-time di notte, il tempo per dormire è ritardato e non puoi dormire fino a una certa ora come le 4 del mattino o le 5 del mattino. Tuttavia, una volta che dormi, devi dormire sonni tranquilli e svegliarti intorno a mezzogiorno. Questi sintomi sono la "sindrome della fase del sonno ritardata" osservata nei disturbi del sonno del ritmo circadiano.

In questo caso, accelerare l'orologio biologico è la soluzione migliore. L'orologio biologico è un meccanismo per conoscere la mattina riconoscendo la luce del sole che entra dagli occhi. Usando questo, ti istruiremo per assicurarti che il sole del mattino colpisca il tuo viso a una certa ora del mattino, ad esempio alle 7:00. È anche efficace spostare il letto vicino alla finestra in modo che il sole del mattino colpisca il tuo viso e assicurarti che la tua famiglia apra le tende e le persiane a una certa ora del mattino. L'orologio biologico che era "indietro" gradualmente "in avanti", e anche l'ora di dormire è prima.

Se questo tipo di guida allo stile di vita non funziona, dovrai consultare uno specialista. A differenza dei giovani, gli anziani possono avere la "sindrome della fase del sonno avanzata", in cui dormono molto presto, dormono la sera e si svegliano nel cuore della notte.

La sonnolenza Diurna

Se soffri di una forte sonnolenza diurna, la mancanza di sonno potrebbe essere la causa numero uno. La privazione del sonno, che causa sonnolenza, si riscontra nel 23,1% degli adulti, e i giovani invece tendono a lamentarsi più spesso.

Se soffri di una forte sonnolenza diurna, la mancanza di sonno potrebbe essere la causa numero uno. La privazione del sonno, che causa sonnolenza, si riscontra nel 23,1% degli adulti giapponesi e i giovani tendono a lamentarsi più spesso.

Se soffri di privazione del sonno, devi migliorare il tuo stile di vita. Se non viene trovata alcuna causa correlata allo stile di vita, o se i miglioramenti correlati allo stile di vita sono inefficaci, è necessario confermare la presenza o l'assenza dei seguenti disturbi tipici del sonno.

Narcolessia

La narcolessia ha una "sonnolenza" insopportabile durante il giorno, "cataplessia" in cui tutto il corpo perde potenza quando ride o viene sorpreso, e "sintomi simili alla paralisi del sonno" e "allucinazioni" che compaiono quando si addormenta. La malattia si sviluppa più spesso negli adolescenti e raramente dopo la mezza età. Si sviluppa durante la sonnolenza diurna e la cataplessia può comparire un po 'più tardi, circa due anni dopo. Una forte sonnolenza e cataplessia sono importanti per la diagnosi.

Dopo aver visto uno specialista, un test di polisonnografia (PSG) valuterà il sonno notturno e un test di latenza del sonno multiplo (MSLT) confermerà la sonnolenza e la presenza di "sonno REM con inizio del sonno". Il trattamento consiste nel prevenire la privazione del sonno durante la notte e fornire indicazioni sull'igiene del sonno per incoraggiare i sonnellini diurni adeguati, anche quando si usano droghe.

Ispezione polisonnografica (PSG) [Ispezione dettagliata]

È un esame dettagliato per cogliere con precisione la presenza o l'assenza di disturbi del sonno. Sarai ricoverato in ospedale e controllerai il tuo stato di sonno. I sensori EEG, EMG, ECG, russamento, movimento respiratorio e posizione del corpo sono collegati per indagare su vari cambiamenti fisiologici durante la notte.

Oltre alla respirazione anormale durante il sonno, è possibile vedere anomalie correlate al sonno come la quantità e la qualità del sonno (profondità del sonno e grado di divisione) e la presenza o l'assenza di aritmia. È un test essenziale per diagnosticare i disturbi del sonno, determinarne la gravità e determinare le strategie di trattamento.

Nel nostro centro, tecnici di laboratorio professionisti certificati da società accademiche lavorano ogni giorno per chiarire vari problemi del sonno.

Test di latenza del sonno multiplo

Questo è un metodo oggettivo per esaminare la sonnolenza diurna. Eseguire un test di polisonnografia facendo riferimento al diario del sonno prima del test. Utilizzando questo metodo di esame dettagliato, la latenza del sonno (tempo per dormire) viene misurata 4 volte o più a intervalli di 2 ore. Se la latenza media del sonno è di 8 minuti o meno, è considerata eccessiva sonnolenza durante il giorno.

Altri risultati, come la comparsa del sonno REM non appena ci si addormenta, sono importanti per la diagnosi ausiliaria della narcolessia.

Disturbi del Sonno come Sonnambulismo

È una parasonnia comune nei bambini in età scolare. Raramente comporta comportamenti violenti. Di solito è difficile svegliarsi rapidamente senza un'esperienza da sogno. Nella maggior parte dei casi, non c'è memoria durante un comportamento anormale. Di solito scompare spontaneamente entro 1-2 settimane. La terapia farmacologica è necessaria solo se la frequenza e la gravità sono significative e il rischio di malattia è inevitabile.

Disturbo comportamentale del sonno REM

È spesso visto negli adulti, specialmente negli uomini di mezza età e negli anziani, ed è sfocato. Il disturbo del comportamento del sonno REM può causare movimenti rapidi e violenti durante il sonno, colpire le persone nella stanza e persino rompere le porte e gli schermi shoji nella stanza. Il disturbo del comportamento del sonno REM è caratterizzato da incubi, discorsi nel sonno e movimenti violenti che corrispondono al contenuto del sogno.

La maggior parte delle persone non ha una grave malattia cerebrale e non progredirà con il trattamento. Inoltre, non penso che tu debba preoccuparti troppo di questo che porta alla demenza.

Questa sintomatologia può comparire precocemente nella malattia di Parkinson e nell'atrofia multisistemica. La diagnosi richiede un test di polisonnografia (PSG), che impedisce l'osservazione di comportamenti anormali con i farmaci. Poiché ci sono molte cadute, elimineremo gli ostacoli nella camera da letto e li istruiremo a dormire in una posizione più bassa come un materassino invece di usare un letto.

Perché noi umani dormiamo?

Trascorro circa un terzo della mia vita dormendo. Il sonno è essenziale. Allora perché gli umani dormono? Questa domanda non è stata ancora del tutto chiarita.

All'inizio degli studi sul sonno, l'idea predominante era che il sonno si verifica quando la stanchezza rende difficile il risveglio. In altre parole, il sonno è uno stato in cui il "meccanismo di mantenimento della veglia" passa passivamente all'ipoattività dovuta alla fatica. Tuttavia, con lo sviluppo della ricerca, è diventato chiaro che il sonno avviene in un processo più attivo. L'idea è che ci sia una parte del cervello che causa il sonno e che questa parte lavori attivamente per causare il sonno.

Ci sono due meccanismi per questo. È un meccanismo del sonno per recuperare il cervello in risposta all'affaticamento cerebrale, cioè un "meccanismo di mantenimento dell'omeostasi del sonno".

Un'altra cosa è che è più chiaro dell'esperienza svegliarsi la mattina successiva dopo essersi addormentati ogni notte, essersi addormentati naturalmente e aver trascorso una certa quantità di riposo. In altre parole, abbiamo un "meccanismo dell'orologio biologico". Ecco perché dormono la notte.

Questi due meccanismi funzionano come meccanismi di regolazione del sonno.

E se il meccanismo di regolazione del sonno non funziona?

Quando si è attivi durante il giorno e si dorme di notte, il "meccanismo di omeostasi del sonno" e il "meccanismo dell'orologio biologico" lavorano insieme per iniziare e mantenere il sonno. Il "meccanismo di mantenimento dell'omeostasi del sonno" provoca la sonnolenza dovuta alla stanchezza diurna, e il "meccanismo dell'orologio biologico" crea i tempi dello stato di sonno per ottenere un "sonno di buona qualità".

Tuttavia, nella vita moderna, è stato spesso sperimentato che i due meccanismi non possono funzionare contemporaneamente. Per esempio, dormire durante il giorno dopo il lavoro a mezzanotte o dormire subito dopo un rapido volo in jet verso una zona sfalsata.

Quando torno a casa dopo aver lavorato fino a tarda notte e dormo durante il giorno, il mio cervello è stanco perché sono stato sveglio di notte e il "meccanismo di mantenimento dell'omeostasi del sonno" lavora per farmi dormire. Tuttavia, a causa del "meccanismo dell'orologio biologico", lo stato del cervello e del corpo è già passato da uno stato adatto al riposo notturno a uno stato adatto alle attività diurne. Pertanto, anche se siete stanchi e volete dormire, non potete dormire bene e non vi sentirete stanchi dopo il risveglio.

Lo stesso può essere compreso per movimenti rapidi verso aree sfalsate. Quando si viaggia ad alta velocità con un aereo a reazione in un'area con una differenza di orario di diverse ore o più, l'"orologio biologico" che scandisce l'ora in base all'ora di partenza (ciclo diurno e notturno) si discosta notevolmente dall'ora di arrivo . Anche se provi a dormire la notte in base all'ora di arrivo, significa che non sei nel fuso orario notturno in base al tuo orologio biologico e che all'inizio è probabile che si verifichi l'insonnia.

Nella vita moderna, gli studenti hanno spesso esami e rapporti e i lavoratori hanno spesso orari di sonno irregolari a causa di turni notturni, scadenze di lavoro, viaggi in aree sfalsate e viaggi di lavoro. Ad esempio, se la regolazione del sonno non funziona bene, si verificherà "attività fisica e deterioramento funzionale", quindi è necessaria cautela.

Sonno REM e sonno non REM

È noto che esistono due tipi di sonno dei mammiferi, anche se si chiama "sonno" in un morso. Il sonno REM (Rapid Eye Movement: REM) è quando i bulbi oculari si muovono e il sonno non REM è quando i bulbi oculari non si muovono. Se hai un cane o un gatto, noterai che ci sono due tipi di posture per dormire.

Ci sono momenti in cui dormi bene, tenendo il collo e accovacciato. In questi momenti le palpebre non si muovono e io dormo comodamente e comodamente. Questo è "sonno non REM". D'altra parte, ci sono momenti in cui ti corichi e dormi in una postura mal educata. In questo momento, le palpebre si stanno muovendo. Se guardi da vicino, puoi vedere che le palpebre si muovono perché i bulbi oculari si muovono rapidamente. Questo è il "sonno REM".

Negli esseri umani, la differenza di postura non è chiara perché si sdraiano e dormono, ma quando osservati nelle vicinanze, il tempo in cui dormono comodamente con un sonno profondo e il tempo in cui il loro respiro è superficiale e leggermente irregolare, le palpebre si aprono e si adattano. C'è un momento in cui gli occhi si muovono vigorosamente.

Quando una persona sana dorme da 7 a 8 ore durante la notte, il sonno leggero non REM diventa gradualmente più profondo e il sonno profondo continua per un po '. Quindi, dopo aver girato, appare il sonno leggero non REM e passa al primo sonno REM. Il tempo medio dall'addormentarsi al primo sonno REM è di circa 90 minuti.

Dopo 5-40 minuti di sonno REM, rientra nel sonno non REM. Successivamente, il sonno REM si alterna con il sonno non REM e appare ripetutamente in un ciclo di circa 90-120 minuti.

Nella prima metà del sonno, c'è spesso un sonno profondo non REM, che è influenzato da quante ore sei stato sveglio e attivo prima di andare a dormire. In altre parole, più a lungo rimani e meno dormi, più profondo sarà il sonno. D'altra parte, l'aspetto del sonno REM è dominato dal ritmo dell'orologio biologico, che appare più spesso al mattino presto.

Quante ore devo dormire per stare bene?

Spiega che essere esigenti riguardo al tempo di sonno può causare insonnia. Otto ore è il tempo standard di sonno, e molte persone pensano che qualsiasi tempo inferiore a questo sia "privazione del sonno".

Tuttavia, secondo l'indagine epidemiologica in Giappone, il tempo medio di sonno delle persone che dormono bene è di circa 6,5-7,5 ore. Prima di tutto, è necessario capire che la durata necessaria del sonno varia a seconda della costituzione, dell'età e della quantità di attività durante il giorno. Ovviamente, in casi estremi come dormire solo 2 ore o dormire per più di metà giornata, si sospetta qualche tipo di disturbo del sonno, ma circa 6-8 ore sono considerate ore di sonno standard.

Il tempo medio di sonno netto è di 8 ore per gli adolescenti, 7 ore per gli adulti, e circa 6 ore dopo i 60 anni. Se hai più di 60 anni e da 30 minuti a 1 ora in meno rispetto a quando avevi 20 e 30 anni, potresti pensare che sia salutare.

Non puoi aumentare intenzionalmente il tuo tempo di sonno giornaliero. Per una persona che vive comodamente e in salute con 7 ore di sonno, cercare di ottenere 8 ore di sonno non significa "dormire meglio" e nemmeno migliorare la salute. Al contrario, sembra che la qualità del sonno spesso si deteriori.

Uno studio epidemiologico su larga scala negli Stati Uniti ha scoperto che le persone che vivevano da 6,5 a 7 ore vivevano più a lungo di quelle che vivevano di più o di meno. Moderato è meglio.

Igiene del sonno

Il sonno non si basa sulla "medicina": sviluppare una buona igiene del sonno.

Nella vita di una persona, circa un terzo del tempo viene trascorso dormendo. La funzione del sonno è quella di dare al corpo e alla mente un adeguato riposo, dovrebbe essere un'attività piacevole, ma ora sempre più persone ne sono disturbate. Indipendentemente dall'età a Taiwan, la popolazione che soffre di disturbi del sonno aumenta di anno in anno. Secondo un sondaggio condotto dal Centro di medicina del sonno,, circa 6 milioni di persone soffrono di disturbi del sonno, rispetto a tre anni fa. La popolazione ha quasi raddoppiato, il che significa che una persona su quattro soffre di sonno. Dalla creazione di cliniche del sonno negli ospedali e dalla successiva istituzione di centri del sonno, si può vedere che la qualità del sonno dei cinesi è presente. La tendenza al ribasso ha portato a un aumento della domanda di farmaci per il sonno.

Molti pazienti spesso vogliono usare farmaci per migliorare il loro sonno quando cercano cure mediche, ma si limitano a prescrivere farmaci senza prendersi il tempo di valutarli. Spesso ignorano che la scarsa qualità del sonno è in realtà dovuta ad altri motivi, come dolore fisico o mentale. le malattie causano disturbi del sonno. L'assunzione di sonniferi da sola non può risolvere completamente il problema fondamentale, invece, i sonniferi verranno consumati a dosi più lunghe e più pesanti. Quando pensi di dormire sempre bene, non affrettarti a chiedere al tuo medico di prescriverti farmaci, o prendere in prestito sonniferi da parenti o amici, o persino acquistare farmaci da solo. Dovresti consultare un medico professionista e sottoporti a una valutazione per scoprirlo il problema e migliorare efficacemente il disturbo del sonno il prima possibile.

Sviluppare una buona "igiene del sonno", che può aiutare a promuovere la qualità del sonno e prevenire l'insonnia. I pazienti con insonnia a lungo termine possono spesso affrontare efficacemente i disturbi dei disturbi del sonno. Molti pazienti possono migliorare la loro igiene del sonno e sviluppare buone abitudini per dormire. Prescrivere sonniferi che li accompagnano per molti anni. Sebbene i pazienti più seri non possano liberarsi immediatamente del farmaco, a parte i farmaci, se possono praticare e coltivare le corrette abitudini di igiene del sonno, le due "due punte", attendere che una buona igiene del sonno gradualmente diventa una parte della vita C'è la speranza che i sonniferi vengano gradualmente ridotti o addirittura sospesi.

Di seguito sono riportate alcune descrizioni delle tue abitudini di sonno personali e delle abitudini di vita, contrassegnale in base alle tue circostanze personali.

1. Il tempo di sonno spesso non è fisso

2. Spesso svolgere attività non correlate al sonno a letto (leggere, guardare la TV, ecc., Ad eccezione delle attività sessuali)

3. Spesso addormentarsi a stomaco vuoto / mangiare una buona cena

4. Bere bevande contenenti caffeina prima di andare a letto

5. Fare spesso esercizio fisico intenso prima di andare a letto

6. Non c'è abbastanza tempo per rilassarsi prima di andare a letto

7. Rimani spesso a letto o dormi durante il giorno

Quelle sopra sono cattive abitudini di igiene del sonno. Seleziona "Sì" per qualsiasi articolo, prova a migliorarlo!

Linee guida per insegnare un buon sonno · Evita
i comportamenti descritti nella lista di controllo

· Sii più esposto al sole durante il giorno · Sviluppa un'abitudine di esercizio regolare

· Vai a letto quando vuoi dormire, alzati dal letto dopo più di 30 minuti per fare qualcosa

· Mantieni uno stato d'animo felice e vai a letto a

riposare per Andare un modo più lungo, se segui spesso i comportamenti nella lista di controllo, per favore migliora immediatamente e coltiva buone abitudini di igiene del sonno nel codice, o cerca medici professionisti per diagnosi, cure e consigli per i tuoi problemi; se stai già bene Qualità del sonno, continua a mantenere e condividere la tua esperienza con chi ne ha bisogno. Ricorda: "Se non dormi bene, la vita è in bianco e nero; se dormi bene, la vita è colorato."

In questo capitolo ho voluto approfondire il disturbo del sonno, perché spesso è sottovalutato o almeno non viene approfondito nello specifico quando si parla di stati ansiosi o depressivi.
L'insonnia ha un effetto negativo sulla nostra personalità e sul nostro stesso benessere psicofisico.
Quindi suggerisco a chiunque abbia uno stato ansioso/ depressivo, di fare dei test specifici riguardanti il sonno.

7 tipi di tecniche di rilassamento che ti aiutano a combattere lo stress!

1. Praticare la respirazione profonda

Sei distratto? Prova la respirazione profonda. Una tecnica di rilassamento semplice ma potente, la respirazione profonda consiste nel fare respiri lenti, lunghi e profondi. E mentre lo fai, ti concentri per disimpegnare la tua mente da sensazioni e pensieri che ti distraggono. Questo tipo di esercizio di respirazione è particolarmente utile per le persone con disturbi alimentari e del sonno, perché le aiuta a concentrarsi sul proprio corpo in modo più positivo. Gli esercizi di respirazione profonda possono aiutare ad attivare il sistema nervoso parasimpatico, che controlla la risposta di rilassamento del corpo. Ci sono molti tipi di esercizi di respirazione profonda, come la respirazione addominale, la respirazione diaframmatica e la respirazione ritmata. Questi esercizi possono essere combinati con altre attività di de-stress, come la musica e l'aromaterapia. La parte migliore - è facile da imparare e può essere praticato ovunque.

2. Rilassamento muscolare progressivo

Si tratta di un processo bidirezionale, in cui si contraggono e si rilassano sistematicamente diversi gruppi muscolari del corpo. Praticare regolarmente il PMR (Rilassamento Muscolare Progressivo) ti fa conoscere la sensazione di rilassamento completo. Questo ti permette di reagire ai sintomi iniziali della tensione muscolare che accompagna lo stress. E mentre il corpo si rilassa, anche la mente si rilassa.

3. Meditazione di scansione del corpo

Ignorate spesso i segni che il vostro corpo mostra a causa dello stress senza rendervi conto della gravità della situazione? Questo potrebbe portare a seri problemi di salute nel prossimo futuro. La meditazione di scansione del corpo è un ottimo modo per rilasciare la tensione che potresti anche non renderti conto che il tuo corpo sta vivendo. La tecnica consiste nel prestare attenzione alle diverse parti del corpo e alle sensazioni corporee in una sequenza graduale che inizia dalle dita dei piedi e poi sale fino alla testa.

4. Immaginazione guidata

Sapevi che i tuoi livelli di stress possono diminuire semplicemente disegnando un'immagine scenica nella tua testa? Bene, questo è esattamente ciò che fa l'"immaginazione guidata". Per questa particolare tecnica di rilassamento, si immaginano luoghi e immagini panoramiche nella tua mente per aiutarti a concentrarti e rilassarti. Troverai molte registrazioni di scene rilassanti online su applicazioni gratuite - tutto quello che devi fare è scegliere l'immagine che trovi rilassante, una che abbia un significato personale.

5. Mindfulness Meditation

Questo tipo di tecnica di rilassamento consiste nel sedersi in una posizione comoda, concentrarsi sulla respirazione e dirigere la mente al momento presente senza spostare l'attenzione sul passato o sul futuro. La meditazione mindfulness può fare miracoli per le persone che cercano di affrontare la depressione, l'ansia o il dolore cronico.

6. Perché fare Esercizio Fisico?

Sapevate che le persone che fanno esercizio fisico ogni giorno hanno meno probabilità di provare stress e ansia rispetto a quelle che non lo fanno? Questo perché qualsiasi tipo di esercizio fisico riduce il livello dell'ormone dello stress, il cortisolo, nel tuo corpo. Rilascia sostanze chimiche, note come endorfine, che migliorano l'umore e agiscono come un antidolorifico naturale. Inoltre, l'esercizio aiuta a migliorare la qualità del sonno che spesso è influenzato negativamente dall'ansia e dallo stress. Scegli una routine di esercizio o un'attività che ti piace. Ballare, andare in bicicletta, fare jogging e camminare sono alcune delle migliori attività antistress tra cui scegliere.

7. Yoga

Lo yoga è una pratica corpo-mente che combina respirazione controllata, pose fisiche e rilassamento o meditazione. Porta a discipline mentali e fisiche che possono aiutare a raggiungere la pace della mente e del corpo. Questo, a sua volta, aiuta a rilassarsi e a gestire lo stress e l'ansia.

L'Hatha Yoga può aiutarti a stabilizzare la tua mente, migliorare la tua concentrazione e aumentare la tua consapevolezza interiore attraverso pose di base e tecniche di respirazione. E consigliamo la respirazione addominale profonda per fornire stabilità mentale. La respirazione addominale ha l'effetto di stimolare i nervi parasimpatici mentre espiri, il che fornisce un effetto rilassante.

L'Hatha Yoga enfatizza il confronto con il corpo e la mente e la regolazione del disturbo e dell'equilibrio dei nervi autonomi causati dallo stress. Pertanto, si dice che sia efficace nell'alleviare lo stress mentale e la depressione. Inoltre, la posa utilizza tutto il corpo e utilizza anche muscoli che non vengono spesso utilizzati nella vita quotidiana, quindi ci si può aspettare che migliori la flessibilità del corpo.

Esiste una tecnica chiamata banda (= rafforzamento) come base delle pose di hatha yoga.
Banda stringe la gola, l'addome, l'ano, ecc. Tra questi, la tecnica chiamata Oddiyana (Oddiyana Banda) stringe l'addome (= Oddiyana). Ci si può aspettare che sia efficace per i cambiamenti fisici come il miglioramento dello stile e l'effetto della dieta regolando normalmente i nervi simpatici e migliorando la postura.
In questo modo, le posizioni di hatha yoga e le tecniche di respirazione aiuteranno a bilanciare la mente e il corpo e aiuteranno a costruire un corpo sano.

Lo yoga deriva da due scuole principali: Hatha Yoga, che enfatizza gli elementi fisici, e Raja Yoga, che enfatizza gli elementi mentali (meditazione). L'hatha yoga è incentrato sull'allenamento fisico e molte posizioni yoga moderne hanno radici nell'hatha yoga.
Una tipica posa di hatha yoga è la "posa di torsione".
La posizione di torsione ha l'effetto di alleviare la stitichezza lieve e l'affaticamento della schiena, nonché i disturbi degli organi interni, e ci si può aspettare che stringa l'addome, migliori la lombalgia e abbellisca la pelle.

Inoltre, c'è una "posa dei bambini" come una posa che può alleviare lo stress e rilassarsi.

Oltre ad alleviare la fatica, alleviare lo stress e rilassarsi, questa posa ha effetti fisici come un lieve mal di schiena e alleviare la stitichezza.

In questo modo, il fascino dell'hatha yoga è che chiunque può lavorarci facilmente concentrandosi su pose e tecniche di respirazione senza la necessità di movimenti attivi e slancio.

Ci sono varie teorie sull'origine dell'hatha yoga, ma c'è una teoria secondo cui fu diffuso dal santo indù Goraksha Nata intorno al X al XIII secolo e che fu iniziato dagli esoterici indiani.

Si dice che ciò che originariamente mirava a eliminare la mente con la meditazione sia stato concepito come yoga combinando pose e respirazione in modo che anche le persone comuni possano lavorarci senza difficoltà.

Oggi, la maggior parte dell'hatha yoga è popolare come esercizio basato sulla posa, ma l'antico hatha yoga sembra essere stato un mantra oltre alle pose e alle tecniche di respirazione.

Inoltre, Hatha Yoga ha tre libri di testo principali, "Geranda Sanhita", "Hata Yoga Pradi Pika" e "Shiva Samhita". Questi libri di testo descrivono come risvegliare l'energia vitale sottostante che esiste nel corpo umano, come calmare la coscienza controllando la respirazione, nonché gli effetti e le idee dell'allenamento e della meditazione.

Gli esperti suggeriscono che certe posture yoga sono particolarmente benefiche per ridurre lo stress. Le posizioni più comuni e facili da praticare sono:

Sukhasana/ Posa facile con piegamento in avanti
Uttanasana/ Piegamento in avanti in piedi
Prasarita Padottanasana
Sasangasana/ Posizione del coniglio
Vajrasana (posizione del fulmine) con Gadurasana (posizione dell'aquila)
Allungamento laterale
Halasana/ Posa dell'aratro
Savasana/ Posizione del cadavere

Non voglio dilungarmi su questo argomento, anche perché sullo Yoga si possono trovare dei video con tanto di spiegazione sul web.

Allontana lo Stress

Lo stress, se non gestito efficacemente, può prendere sempre più spazio sulla tua vita quotidiana e renderti suscettibile di una varietà di problemi di salute. Imparare le basi dei diversi tipi di tecniche di rilassamento è abbastanza facile. Tuttavia, è necessaria una pratica regolare per sfruttare veramente il potere di alleviare lo stress.

Come l'esercizio fisico può ridurre l'ansia

Probabilmente già sapete che se fate esercizio regolarmente un buon allenamento può aiutarvi a sentirvi meno stressati e meglio in grado di affrontare i problemi. Ma l'esercizio fisico può aiutare le persone con un'ansia significativa? Gli studi hanno scoperto che l'attività fisica non solo può ridurre i sintomi dell'ansia, ma può migliorare la qualità della vita.
Proprio come l'esercizio aiuta l'ansia non è noto, ma i ricercatori ritengono che una combinazione di fattori molto probabilmente entrano in gioco. Per prima cosa, le endorfine, le sostanze chimiche che fanno sentire bene il corpo, aumentano ogni volta che facciamo esercizio. L'esercizio probabilmente aiuta ad alleviare l'ansia rilasciando altre sostanze chimiche del cervello che agiscono sui neurotrasmettitori. Aumenta anche la temperatura corporea,

che tende a indurre un senso di calma. L'atto di fare esercizio può costruire l'autostima e la fiducia e può fornire un'interazione sociale se fatto con gli altri.

I ricercatori che esaminano l'esercizio e l'ansia hanno raccomandato che i medici incoraggino fortemente le persone con ansia a esercitare regolarmente, oltre ad aderire a programmi di trattamento collaudati. Oltre a migliorare l'umore, l'esercizio regolare offre una serie di altri benefici, come la riduzione dell'ipertensione, la riduzione del rischio di malattie cardiache e cancro e la prevenzione del diabete.

I terapisti che fanno consulenza sull'ansia accedono abitualmente ai livelli di attività dei loro clienti con ansia. Quasi ogni tipo di esercizio può aiutare ad alleviare l'ansia, ma la ricerca ha indicato che alcuni tipi possono essere più ansiosi di altri.

Lo yoga, in particolare, ha dimostrato di ridurre l'ansia e lo stress in un'ampia varietà di contesti. Dopo lo tsunami delle Andamane del 2004, uno studio ha esaminato l'effetto dello yoga nel ridurre la paura, l'ansia, la tristezza e i problemi di sonno in 47 dei sopravvissuti. Le misurazioni della frequenza cardiaca, del respiro e della resistenza cutanea sono state usate come marcatori. È stata rilevata una diminuzione significativa in tutti i marcatori, concludendo che lo yoga è stato un intervento utile per la gestione dell'ansia e dello stress, in particolare se combinato con la terapia.

In altre ricerche, lo yoga ha ridotto i segni dell'ansia in persone con disturbi alimentari, malattie cardiovascolari, sindrome dell'intestino irritabile e cancro. Inoltre, lo yoga può essere fatto da qualsiasi gruppo di età e può essere facilmente adattato per le persone con disabilità.

Se qualcuno ha un disturbo d'ansia, i tipici protocolli di trattamento includono farmaci e psicoterapia. Spesso la terapia include il tentativo del terapeuta di motivare il cliente in termini di auto-cura, compreso l'esercizio, la dieta e il sonno.

La parola "esercizio" può farvi pensare a uno sfinimento, a un giro di corsa intorno all'isolato. Ma l'esercizio comprende una vasta gamma di attività che aumentano il livello di attività per aiutarvi a sentirvi meglio. Qualsiasi attività che fa pompare il cuore, come correre e sollevare pesi, è buona, ma anche una camminata veloce è utile. Molte persone riferiscono che anche il giardinaggio, il lavaggio della macchina e altre attività meno intense sono utili per ridurre l'ansia. Fondamentalmente qualsiasi forma di esercizio che fa muovere il corpo ha una buona possibilità di alleviare l'ansia e calmare la mente.

Fogli di lavoro sull'ansia

1. Aiuto per le persone ansiose:
Definire l'ansia.
Descrivere quando l'ansia è normale.
Dare un esempio della tecnica "Valutare-Pianificare-Agire".
L'ansia è definita in questo libro di lavoro come "un sentimento di paura, terrore o disagio" che è naturalmente presente e persino adattivo nelle giuste dosi. Inoltre, come già detto precedentemente ricorda sempre che molte situazioni scatenano episodi di ansia, tra cui:

Esami o test;
Scadenze rigide;
Colloqui di lavoro;
Aspettare la nascita di un bambino;
Aspettare di sapere come se la cava una persona cara dopo un incidente o una malattia;
Incidenti stradali;
Ricevere brutte notizie;
o perdere il lavoro.

Questi sono tutti scenari normali in cui la maggior parte delle persone potrebbe diventare un po' ansiosa. Quest'ansia non è necessariamente una cosa "cattiva", lo è e basta. Potrebbe anche incoraggiarti ad essere più consapevole del tuo ambiente, attento al pericolo, protettivo verso te stesso e cauto.

In certe situazioni, l'ansia inietta una spinta di adrenalina salvavita!

Alcune persone non sperimentano l'ansia di tanto in tanto; si tratta invece di un livello costante o accresciuto di ansia che provoca ruminazione e paura incessanti.

Queste persone possono soffrire di una condizione come:

Fobie;
Attacchi di panico;
Disturbo da stress post-traumatico;
Disturbo d'ansia generalizzato (GAD);
Disturbo Ossessivo-Compulsivo (OCD);
e depressione.

Per esempio, le donne sono generalmente più ansiose degli uomini, in parte a causa delle differenze ormonali (e talvolta influenzate dagli alti e bassi ormonali del ciclo mestruale).

Nel frattempo, gli uomini hanno meno probabilità di provare ansia (o almeno meno probabilità di ammettere di provare ansia) e tendono a sentirsi ansiosi per cose come la loro salute. Le pressioni sociali e le aspettative di performance di genere possono essere parte di queste differenze percepite.

Leggendo questo libro di lavoro, imparerai molto di più

sull'ansia, le ossessioni e le compulsioni, e sono sicuro che da adesso in avanti imparerai a trattarla diversamente, perché sarai a conoscenza di alcune skils che prima non sapevi.

In questo libro, ho voluto includere utili esercizi e attività per l'elaborazione dell'ansia stessa, con risultati di impatto immediato per costruire le tue capacità e sosì combattere l'ansia negli anni a venire.

Nel frattempo, cominciamo con un esercizio di rilassamento:
Prima di iniziare, assicuratevi di non essere disturbati.
L'abbiamo suddiviso in 15 semplici esercizi da seguire passo dopo passo in modo che tu possa replicarlo con estrema facilità.

1. Sedetevi comodamente, chiudete gli occhi e ricordate a voi stessi che non avete niente da fare in questo momento. Ci possono essere cose che devono essere fatte più tardi, ma per ora, non hai problemi che hanno bisogno di essere risolti immediatamente.

2. Fai un respiro profondo ed espira lentamente. Ripeti le parole "Io sono la pace" a te stesso alcune volte.

3. Non cercare di rilassarti, permetti a te stesso di rilassarsi. Lasciati andare e permetti a te stesso di essere semplicemente.

4. Pensa al tuo corpo come a una parte della terra stessa, come una montagna, ferma e tranquilla.

5. Affondate più profondamente nella superficie sotto di voi, e lasciate che i vostri occhi rotolino dolcemente verso l'alto dietro le vostre palpebre chiuse. Immaginate di poter vedere il mondo, o semplicemente di percepire le parole "Io sono la pace" scritte lì, sul retro della vostra mente.

6. Mentre vedete o sentite queste parole, "Io sono la pace", potreste sentire un leggero sbattere delle vostre palpebre; questo significa che si stanno rilassando. Sentite la sensazione calda e umida dietro le vostre palpebre e scioglietevi in essa. Lascia che il rilassamento fluisca dentro e attraverso il tuo corpo.

7. Non importa quanto siete rilassati, potete notare che potete sempre diventare più rilassati. Usate immagini come visualizzare voi stessi mentre passeggiate in un giardino tranquillo o su una spiaggia tranquilla e sabbiosa, per scivolare più a fondo nel vostro rilassamento.

8. Puoi sentirti sempre più rilassato.... Lasciarsi andare... Diventare sempre più a proprio agio con il passare del tempo.

9. Permetti a tutta la tua tensione fisica di lasciare il tuo corpo e lascia tutti i pensieri inutili o non utili alla porta metaforica.

10. Quando ti senti completamente in pace, immagina di essere in piedi sotto una dolce cascata. L'acqua calda e cristallina cade dolcemente sulla tua testa e scorre lungo il tuo corpo fino alle dita dei piedi. Senti la sensazione di essere pulito dalla testa ai piedi.

11. Quando ti senti completamente in pace, immagina di essere in piedi sotto una dolce cascata. L'acqua calda e cristallina cade dolcemente sulla tua testa e scorre lungo il tuo corpo fino alle dita dei piedi. Senti la sensazione di essere pulito dalla testa ai piedi.

12. Nella tua testa, viaggia in un luogo privato e tranquillo, da qualche parte nel presente, nel passato o nel futuro. Può essere un'isola, una spiaggia, una foresta o qualsiasi altro posto dove ti senti calmo, sicuro e felice. Rimani qui per tutto il tempo che vuoi, assorbendo le sensazioni di calma e raccogliendo tutta la pace.

13. Quando siete pronti a tornare alla vostra giornata, fate una pausa nel vostro luogo felice. Permetti a te stesso di

risvegliarsi gradualmente dal tuo luogo calmo e pacifico, un po' alla volta.

14. Ti stai alzando lentamente come se ti stessi svegliando da una buona notte di sonno o da un pisolino rinfrescante. Ti senti vigile, riposato e pronto ad affrontare qualsiasi cosa ti aspetti.

15. Mentre sei ora completamente sveglio, assicurati di prendere un po' di quella pace che hai imbrigliato. Tieniti stretto un po' di quel rilassamento e portalo con te per tutta la giornata.

ESERCIZI E CONSIGLI PER SUPERARE GLI STATI D'ANSIA

Come praticare la meditazione mindfulness

Questo libro di lavoro può essere utile sia che il lettore stia lavorando da solo o come complemento alla terapia o alla consulenza con un professionista della salute mentale. Il suo obiettivo è quello di aiutare il lettore a costruire le competenze necessarie per schiacciare i pensieri troppo ansiosi e rimettersi in controllo dei propri pensieri e sentimenti.

La meditazione di Mindfulness è un semplice strumento che puoi usare per mantenere la tua attenzione focalizzata sul presente, senza giudizio. La meditazione seduta consiste semplicemente nel rilassarsi in una posizione eretta e nell'usare il respiro come centro dell'attenzione.

Poi ti guida passo dopo passo attraverso un esercizio ininterrotto di meditazione mindfulness che dovrebbe essere praticato idealmente per circa 10-15 minuti al giorno se vuoi farne un'abitudine.

Alcuni consigli utili includono:

Mantenere una schiena dritta, eretta, ma non rigida
Assicurarsi che le ginocchia siano più basse dei fianchi, per autosostenere la colonna vertebrale con una parte bassa della

schiena leggermente curva

Se su una sedia, appoggiare le piante dei piedi a terra. Se sul pavimento, incrociate le gambe.

Lasciate che le braccia cadano naturalmente ai vostri fianchi, con i palmi delle mani appoggiati sulle cosce.

Se la vostra posa diventa troppo scomoda, sentitevi liberi di fare una pausa o di aggiustare.

Poiché le sensazioni del respiro sono sempre presenti, sono utili come strumento per aiutarvi a concentrarvi sul momento presente. Ogni volta che ti distrai durante la meditazione, torna a concentrarti sulla respirazione.

Notate la sensazione dell'aria che passa attraverso il naso o la bocca, l'alzarsi e abbassarsi della pancia e la sensazione dell'aria che viene espirata, di nuovo nel mondo. Nota i suoni che accompagnano ogni inspirazione ed espirazione.

Molte persone si sentono come se la meditazione fosse qualcosa che deve essere eseguita "bene", il che può causare stress inutile. Per questo motivo, in questa risorsa troverai anche molti consigli utili su come affrontare i pensieri vaganti, che sono normali.

Invece di lottare contro i tuoi pensieri, notali semplicemente senza giudicarli. Riconosci che la tua mente ha vagato, e poi riporta la tua attenzione alla respirazione. Aspettati di ripetere questo processo ancora e ancora.

Questo esercizio ha così tanto potenziale per aiutare con

l'ansia perché la meditazione di consapevolezza è uno strumento potente. Coloro che la praticano regolarmente aumentano la consapevolezza e migliorano la capacità di rimanere obiettivi e neutrali rispetto a ciò che accade intorno a loro, anche quando sono presi da un uragano di emozioni, pensieri e azioni.

Respirazione - Metodo di sollievo dallo stress

Di solito respiriamo in modo del tutto inconsapevole. Tuttavia, la respirazione è una vita continua, e si dice che una persona respiri da 600 a 700 milioni di volte in una vita.
Inspirando ossigeno profondamente e lentamente, l'ossigeno fresco si diffonde in tutto il corpo e la circolazione del sangue migliora. E si può rinfrescare la mente e il corpo.
La salute fisica e mentale è molto influenzata da un modo di respirare, quindi assicurati di imparare il metodo di respirazione corretto per alleviare lo stress!

Effetto rilassante della respirazione

Le emozioni e la respirazione sono strettamente correlate. Quando sei teso, il tuo respiro diventa superficiale e corto, mentre quando sei addormentato o rilassato, il tuo respiro diventa profondo e lento.

Regolando la respirazione, si possono ottenere vari effetti rilassanti come i seguenti.

La mia testa si sta rinfrescando!

Le persone respirano e inviano ossigeno a tutto il corpo, ma se respirano poco, rimarranno senza ossigeno. In particolare, il cervello tende ad essere carente di ossigeno, quindi fare un respiro profondo dovrebbe rinfrescare la testa.

Rilassati con i nervi parasimpatici!

I nervi simpatici si attivano quando si sente l'ansia e lo stress, e i nervi parasimpatici lavorano durante il sonno e il rilassamento.
Una respirazione lenta e ampia permette ai nervi parasimpatici di lavorare senza problemi.
Il nervo parasimpatico lavora anche per normalizzare le funzioni degli ormoni e dell'immunità.

Concentrati e cambia il tuo umore!

Concentrandosi sulla respirazione, si viene temporaneamente schermati dallo stress che si sta vivendo.
Questo vi aiuterà a calmarvi.

La respirazione superficiale è pericolosa!

Quando sei sotto stress, il tuo respiro diventa superficiale prima che tu te ne accorga. La respirazione superficiale è la respirazione che viene eseguita solo sulle spalle e sul petto, e l'ossigeno può essere consegnato solo a una parte dei polmoni, con conseguente mancanza di ossigeno nel sangue.

Il cervello è quello che subisce i danni maggiori. Se il numero di cellule muscolari normali è 1, le cellule nervose del cervello devono ingerire 20 volte più ossigeno.

Inoltre, se si continua a respirare superficialmente, lavoreranno solo i nervi simpatici invece di quelli parasimpatici, causando problemi in varie parti del corpo.

Quindi, la respirazione superficiale colpisce il cervello e i nervi autonomi, aumentando lo stress.

Malattie causate dalla respirazione superficiale

Disautonomia, rigidità dei muscoli respiratori, distorsione spinale, ptosi di organi interni / costole come lo stomaco, diminuzione della funzione epatica, costipazione, malattie respiratorie, ecc.

Respirare con il naso invece che con la bocca

Gli esseri umani respirano attraverso il naso o la bocca. Poiché il naso ha la funzione di purificare l'aria inalata, la respirazione nasale attraverso il naso è una forma naturale.

La respirazione nasale rimuove la polvere dall'aria e rende l'aria secca moderatamente umida, rendendola meno irritante per la gola e i polmoni. Gli animali non umani hanno la respirazione nasale.

La bocca è originariamente un organo per mangiare e non ha la funzione di purificare l'aria.

Quando si respira attraverso la bocca, l'aria secca viene presa direttamente nel corpo attraverso la bocca, il che asciuga la bocca e la gola.

Inoltre, batteri e virus invadono direttamente, rendendoti più suscettibile a raffreddori e allergie.

Inoltre, i muscoli del viso sono indeboliti, rendendo più facile l'apertura della bocca, facilitando il russare, e rendendo il viso più rilassato, il che influisce anche sulla cosmetologia.

Come potete vedere, ci sono vari effetti nocivi della respirazione con la bocca.

Soprattutto recentemente, è diventato un problema che la respirazione con la bocca sta aumentando per varie cause, dai bambini agli adulti.

Non respiri con la bocca?

Se 3 o più delle voci di controllo qui sotto sono vere, c'è un'alta possibilità di respirazione con la bocca.

Sembra che la gomma da masticare sia un buon modo per curare la respirazione nasale per le persone che normalmente respirano attraverso la bocca.

Quando mi sveglio la mattina, la mia gola può formicolare

Le mie labbra sono sempre secche

Si dice che la bocca sia aperta quando si è assorti in qualcosa

Russare

Mangiare con uno squittio

Quando mi guardo allo specchio, la mia bocca è "lui"

Respirazione addominale

1. Sdraiatevi sulla schiena ed espirate lentamente attraverso la bocca. Prenditi il tempo di espirare con l'intenzione di far uscire tutta l'aria dal tuo corpo. In questo momento, fai attenzione che il tuo addome si ritragga gradualmente.
2. Fai un respiro profondo attraverso il naso. È una buona idea mettere la lingua sulla mascella superiore. In questo momento, fai attenzione a non gonfiare il tuo basso ventre.
3. Espira di nuovo attraverso la bocca. Fallo a lungo e lentamente, con l'intenzione di passare da 1,5 a 2 volte più a lungo del tempo in cui hai fumato.
4. Questo movimento/respirazione si ripete. Cerca di fare in modo che il tempo in cui espiri sia circa quattro volte più lungo del tempo in cui inspiri.

Punto 1

Tenete presente l'ordine di "sputare e succhiare" invece di "succhiare e sputare".

Punto 2

Mettere un libro sull'addome rende più facile controllare visivamente lo stato della respirazione addominale.

Punto 3

Se non puoi sdraiarti, puoi sederti su una sedia.

Metti le mani sotto l'ombelico e sii consapevole del movimento del tuo basso ventre.

Ridurre lo stress prima che il tuo corpo si ammali

Molte persone fanno poco esercizio a causa dell'autolimitazione ad uscire, e poiché il loro corpo non è abituato al caldo, è più facile sentirne il peso. La diminuzione della quantità di esercizio provoca il disturbo dei nervi autonomi che controllano il lavoro del corpo.

I disturbi dei nervi autonomi causano disturbi non solo nel corpo ma anche nella mente. Oggi vorrei chiedervi del metodo di respirazione per ristabilire la vostra salute fisica e mentale senza difficoltà.

Credo che ci siano molte persone che pensano che lo stress si accumuli nell'attuale ambiente sociale, dove non possono più fare quello che fanno normalmente nelle attività locali come scuole, aziende e associazioni di residenti.

È difficile rendersi conto di quanto in realtà stai accumulando nel tuo cuore solo perché pensi che sia vagamente stressante. Ha causato mal di testa, disturbi di stomaco e dolori addominali, e sono andato all'ospedale dopo essere apparso sul mio corpo, ma non sono riuscito a trovare nessuna anomalia da nessuna parte. Noterete che è stato piegato.

Il numero di persone moderne che hanno un tale disturbo dei nervi autonomi è molto grande. Inoltre, l'agitazione sociale causata dal nuovo coronavirus ci ha costretti a vivere quotidianamente con ansie imprevedibili sul prossimo futuro. Non è esagerato dire che tutte queste ansie portano allo stress.

Se possiamo essere consapevoli dello stress prima che si accumuli abbastanza da sconvolgere il nostro equilibrio fisico e mentale, potremmo essere in grado di prenderci cura della nostra mente e del nostro corpo prima.

La chiave è la respirazione.

In primo luogo, i nervi autonomi svolgono automaticamente le funzioni necessarie al nostro corpo, come la respirazione e la termoregolazione, senza riposo. Pertanto, una volta che il sistema nervoso autonomo è indebolito, colpisce varie parti del corpo. Le palpitazioni, i disturbi circolatori come la tachicardia che fa diventare il polso troppo veloce, e i disturbi digestivi come la diarrea e la stitichezza possono anche essere causati da un disturbo dei nervi autonomi.

Quello che stiamo cercando di fare questa volta è un tentativo di regolare la funzione dei nervi autonomi che controllano l'intero corpo regolando coscientemente una funzione biologica chiamata respirazione.

Poiché è collegato, regolare la respirazione lavora sui nervi autonomi.

Detto questo, non è difficile.

Per esempio, forse il modo più semplice per notare lo stress e resettare la mente è: osservate il vostro respiro quando avete emozioni negative come "non essere impaziente", "non essere frustrato", o "non essere estremamente nervoso".

Che ne dici di questo. In momenti come questo, penso che la maggior parte delle volte hai smesso di respirare. Per prima cosa, notatelo.

Poi, fate una volta un respiro leggermente più ampio per preparare la vostra mente. Questo da solo può essere un ottimo modo per regolare le vostre emozioni.

Relazione tra respirazione e corpo

Poi, facciamo un esperimento interessante per vedere che tipo di cambiamenti possono essere fatti alla mente e al corpo controllando intenzionalmente la respirazione.
Come ho detto prima, quasi tutti i nostri organi interni sono controllati dai nervi autonomi. Per esempio, le funzioni di organi come il cuore e il tratto intestinale, e persino i capillari di tutto il corpo sono regolati automaticamente dai nervi autonomi. Poiché si tratta di regolazioni automatiche, non è possibile aumentare intenzionalmente il battito cardiaco o aumentare la velocità peristaltica dell'intestino per ammorbidire le feci.

C'è solo un organo viscerale che noi umani possiamo deliberatamente regolare i suoi movimenti. Sono i polmoni.
Naturalmente, i polmoni stessi non possono essere mossi liberamente, ma per fortuna, i polmoni sono in contatto con le costole e il diaframma. E se si tratta del muscolo tra le costole, il muscolo chiamato diaframma, o il muscolo chiamato diaframma, possiamo allungare e contrarre a volontà. In altre parole, l'unico organo viscerale che può essere mosso, anche se indirettamente, sono i polmoni, che ci permettono di regolare la respirazione. È interessante notare che la respirazione è strettamente legata ad altre funzioni

biologiche.

Così ora, vorrei fare un piccolo esperimento per testare la relazione.

Per prima cosa, tocca leggermente il polso della tua mano sinistra con l'indice, il medio e l'anulare della tua mano destra per prendere il polso. Non importa se la mano sinistra e la destra sono invertite.

Poi, fai un grande, lento e profondo respiro mentre senti il polso così com'è. Fai un respiro lento e ampio per circa 5 secondi e poi espira lentamente per circa 5 secondi.

Qual era la velocità del polso nel frattempo? Hai visto che era più veloce mentre inspiravi e più lento mentre espiravi?

Sono d'accordo. È un po', ma mi sembra che sia rallentato.

In questo modo, c'è un fenomeno per cui la velocità del polso cambia sia nella prima metà della respirazione "espirazione" che nella seconda metà della respirazione "ispirazione". Questo è chiamato "fluttuazione respiratoria" della frequenza cardiaca.

È causata dalle fluttuazioni della pressione dell'aria nella cavità toracica durante l'inspirazione e l'espirazione, e nello spazio all'interno del petto dove sono contenuti i polmoni, ma oggi, indipendentemente dal meccanismo dettagliato, tanto. Volevo farvi sperimentare che la respirazione e il battito cardiaco sono strettamente correlati.

Pertanto, quando siete nervosi e il vostro petto batte forte e vi sentite a disagio, fate un grande respiro e poi espirate lentamente per rallentare il vostro battito cardiaco. Inoltre, può essere applicato anche per calmare i tuoi sentimenti.

Espirare nel tempo. Spero che noterete che questo è stato praticato nel metodo di meditazione della visione di più respiri

Ho contato "1" mentre facevo un grande respiro ed espiravo lentamente, "2" mentre inspiravo ed espiravo, e così via, e quando ho raggiunto 10, sono tornato a uno.

Puoi ripeterlo lentamente nel tempo. Puoi pensare che la tua frequenza cardiaca rallenti qui e che il tuo cuore si calmi con essa.

Pratica della "respirazione a un naso"

Oggi, vorrei provare uno dei respiri tradizionali dello yoga, il "one-nose breathing".

È stato introdotto come un metodo per regolare intenzionalmente la respirazione per regolare i nervi autonomi e mantenere il corpo e la mente sani. È noto che la respirazione lenta alternata da un foro del naso equilibra i nervi autonomi sia del nervo simpatico chiamato "nervo combattente" sia del nervo parasimpatico chiamato "nervo rilassante". ..

Tuttavia, dal punto di vista del medico, questa tecnica di respirazione yoga regola intenzionalmente la respirazione e può essere evitata a seconda della salute.

In particolare, si tratta di una persona in uno stato di salute in cui si considera che non è bene applicare la pressione sul petto e sullo stomaco.

Coloro che hanno malattie viscerali del basso ventre, coloro che hanno la pressione alta o malattie cardiache (condizione cronica del cuore), coloro che hanno una storia di ictus, coloro che hanno una pressione intraoculare anormale come il glaucoma, coloro che hanno grave ernia del disco, Le persone con una storia di epilessia dovrebbero evitare. Evitare le donne incinte o mestruate e subito dopo aver mangiato.

E dato che con questo metodo si respira con una solo narice, si prega di non esagerare se uno o entrambi le narici hanno un cattivo passaggio.

Se non sei nelle condizioni di salute che ho appena menzionato, ma sei un po' preoccupato di lavorare sulla respirazione con una sola narice, consulta prima il tuo medico.

Poiché lo scopo del metodo di respirazione è di preparare la mente e il corpo attraverso la respirazione, l'allenamento che mantiene la mente abbastanza calma anche con il numero di respiri introdotti prima. La cosa importante di entrambi i metodi di respirazione è di farlo con il cuore nel momento.

E credo che la cosa più importante sia continuare a farlo.

Se pensi che sia difficile respirare attraverso una narice a causa delle tue condizioni di salute, per favore rilassati mentre ascolti la musica e senti il tuo respiro naturale lentamente. Speriamo che vi troverete bene di fronte alla vostra respirazione.

Ora iniziamo a respirare con una narice alla volta.

Per prima cosa, siediti leggermente su una sedia o siediti comodamente sul pavimento, e allunga leggermente la spina dorsale con l'immagine che la cima della tua testa sia appesa al soffitto con un solo filo.

Cerca di rilassarti senza forzare. Puoi mettere comodamente le mani sulle cosce e sulle ginocchia.

Da qui, respirare lentamente e alternativamente una narice alla volta.

A proposito, nella pratica formale dello yoga, ci sono momenti in cui si decide il numero di secondi in dettaglio e lo si insegna esattamente, ma è importante non esagerare all'inizio, quindi cercherò di farne una lunghezza che posso fare comodamente oggi.

Naturalmente, non dovete forzarvi a seguire la mia guida.

Per favore provate al vostro ritmo confortevole.

Per prima cosa, alzate la mano destra. Poi, piegate l'indice e il medio destro verso l'interno. In altre parole, solo il pollice, l'anulare e il mignolo sono in posizione verticale.

Poi, tieni la mano nella posizione in cui tutto il naso sta tra il pollice e l'anulare della mano destra, proprio all'altezza degli zigomi del viso sinistro e destro.

Ora, fai un respiro profondo e resetta la tua mente.

Fate un respiro profondo ed espirate lentamente.

Ora è il momento di iniziare.

Per prima cosa, con il pollice destro posizionato sul naso, premi leggermente il naso destro per chiudere la narice e la narice destra. Poi inspira lentamente attraverso la narice sinistra.

Una volta che hai inspirato, chiudi la narice sinistra con l'anulare e il mignolo e trattieni il respiro per un momento.

Poi apri il pollice ed espira attraverso la narice destra.

Quando hai espirato, fai un lento respiro da destra, e una volta che hai inspirato, chiudi la narice destra con il pollice e trattieni il respiro per un po'.

Ora apri l'anulare e il mignolo ed espira attraverso la narice sinistra.

Cerca di respirare tranquillamente e delicatamente in modo che i suoni del respiro non diventino rumorosi il più possibile.

Ripeto.

Inspira lentamente attraverso la narice sinistra, poi chiudi entrambe le narici e trattieni il respiro per un momento.

Apri il pollice ed espira attraverso la narice destra.

Apri il pollice ed espira attraverso la narice destra.

Quando hai espirato, fai un lento respiro dalla narice destra, e quando hai inspirato, chiudi entrambe le narici e trattieni il respiro per un po'.

Ora apri l'anulare e il mignolo ed espira attraverso la narice sinistra.

Inspira lentamente attraverso la narice sinistra di nuovo, e quando hai finito, chiudi entrambe le narici e trattieni il respiro per un momento.

Apri il pollice ed espira attraverso la narice destra.

Quando hai espirato, fai un lento respiro dalla destra, e quando hai inspirato, chiudi entrambe le narici e trattieni il respiro per un momento.

Apri l'anulare e il mignolo ed espira attraverso la narice sinistra.

Facciamolo di nuovo.

Inspira lentamente da sinistra, e quando hai inspirato, chiudi entrambi i nasi e trattieni il respiro per un momento.

Rilascia il pollice ed espira dalla destra.

Quando hai espirato, fai un lento respiro dalla destra, e quando hai inspirato, chiudi entrambi e trattieni il respiro per un momento.

Ora apri l'anulare e il mignolo ed espira da sinistra. Poi togliete le mani dal naso e rilassatevi.

Grazie per il vostro duro lavoro.

Tutti gli ascoltatori sono stati in grado di passare un po' di tempo in relax? In alternativa, alcuni possono sentire che la loro testa e il loro corpo sono stati rinfrescati.

È una buona idea ripeterlo circa 10 volte al giorno. Potete farlo in qualsiasi momento. Potete usarlo come abitudine prima di andare a letto, o potete svegliarvi al mattino e andare all'inizio della giornata.

Va bene se riesci ad inspirare, trattenere ed espirare per una lunghezza che ti fa sentire a tuo agio.

Un cuore per assaporare ogni respiro

Infine, vorrei introdurre parole zen relative alla respirazione.

Il fondatore della setta Soto in Giappone, Dogen Zenshi, scrisse nel periodo Kamakura un libro chiamato "Fukan Zazengi", che esprime il respiro ideale con parole molto semplici. Sono.

"Respirazione del naso". Il messaggio contenuto in queste quattro lettere è più di un consiglio formale: "Manteniamo tranquillamente un respiro lungo e sottile".

Prendete un respiro, fate un respiro, con attenzione, educatamente e molto finemente, e sedetevi con gli occhi per osservare. Credo che questo sia il mistero dello Zazen che Dogen Zenshi predicava.

In un nuovo stile di vita diverso dal passato, siamo pieni di confusione, ansia, irritazione e varie emozioni. Quando stiamo per perdere di vista noi stessi, passiamo il tempo a concentrarci sulle attività estremamente delicate e delicate del nostro corpo, che sono la respirazione. Spero che tu possa avere un momento simile.

Caratteristiche ed effetti dello yoga rilassante!

Come può iniziare un principiante?

1. Cos'è il Relax Yoga?
    1. Yoga volto a rilassare la mente e il corpo
    2. Quattro caratteristiche dello yoga rilassante
    3. Le persone che sono brave nello yoga rilassante
2. L'effetto dello yoga rilassante
    1. Salute fisica e stabilità mentale
    2. Riportare le articolazioni e le ossa alle loro posizioni corrette
    3. Promuovere la circolazione del sangue
    4. Migliorare la qualità del sonno
3. Come iniziare lo yoga rilassante
    1. All'inizio, puoi solo essere consapevole della respirazione addominale.
    2. Posizioni yoga rilassanti di base
4. Riassunto

Se vuoi rilassare la tua mente e il tuo corpo, lo yoga rilassante è raccomandato. Anche i principianti possono iniziare facilmente lo yoga rilassante, quindi anche le persone che non sono brave a fare esercizio fisico possono iniziare con tranquillità.

Cos'è il Relax Yoga?

Yoga mirato a rilassare la mente e il corpo

Lo yoga rilassante è lo yoga che mira a rilassare la mente e il corpo. Quando fai yoga rilassante, tieni a mente la respirazione addominale, e aumenta l'effetto rilassante intrecciando alternativamente pose che usano pesantemente il corpo e pose che sono a bassa forza e allentano. Anche se non si chiama "yoga rilassante", ci sono molti esercizi nella categoria dello yoga che possono avere un effetto rilassante.

4 caratteristiche dello yoga rilassante

Lo yoga del relax ha quattro caratteristiche, quindi cerchiamo di capire ciascuna di esse.

Facile da lavorare anche per i principianti

Lo yoga rilassante ha la caratteristica di eseguire lentamente ogni posa. Pertanto, anche i principianti e le persone che non sono brave nell'esercizio fisico possono lavorarci con relativa facilità.

Efficace per il recupero dalla fatica

Si dice che lo yoga rilassante aiuti a recuperare dalla fatica. Nello yoga generale, ci sono alcuni movimenti duri che sono difficili per i principianti, ma lo yoga rilassante è spesso fatto per scopi curativi, quindi rinfresca la mente e il corpo.

Respirazione addominale

La respirazione yoga rilassante è principalmente la respirazione addominale. Posando con la respirazione addominale in mente, puoi allenare efficacemente i muscoli interni nel profondo del tuo corpo.

Principalmente pose sedute o sdraiate

Lo yoga rilassante si concentra su pose sedute o sdraiate, quindi è facile per le persone che non sono brave nell'esercizio faticoso o che sono stanche di lavorare su di esso.

Persone che sono brave a rilassare lo yoga

Le seguenti persone sono idonee per lo yoga rilassante.
Nel caso dello yoga rilassante, lo scopo principale è quello di ottenere un effetto curativo. Dal momento che richiede pose semplici, essendo consapevoli della respirazione addominale, ha il vantaggio di essere relativamente facile da lavorare anche per le persone che non sono brave a fare esercizio o che non sono sicure della loro forza muscolare.

- Persone che soffrono di freddezza, ottusità e malessere

Muovendo lentamente il corpo con il Relax Yoga si migliora il flusso sanguigno. Pertanto, è probabile che le persone che soffrono di sintomi sgradevoli come la freddezza e l'ottusità si sentano meglio quando ci lavorano. • Persone che soffrono di stress e insonniaMolte persone che sono impegnate nel lavoro o nella vita privata soffrono di sintomi come lo stress e l'insonnia. Pertanto, se si lavora sullo yoga rilassante entro un intervallo ragionevole, si sperimenterà un moderato affaticamento fisico, che ridurrà lo stress e garantirà un sonno di alta qualità.

L'effetto dello yoga rilassante

Potete aspettarvi vari effetti lavorando sullo yoga rilassante. Ecco quattro benefici dello yoga rilassante.

Salute fisica e stabilità mentale

Lo yoga rilassante non solo allevia la rigidità del corpo, ma allevia anche la tensione nel corpo e nella mente. Inoltre, quando i nervi autonomi sono regolati eseguendo la respirazione addominale, diventa mentalmente stabile e rilassato.

Riporta le articolazioni e le ossa nella posizione corretta

Quando si allenano i muscoli interni con il Relax Yoga, le articolazioni e le ossa cercano di tornare alla loro posizione normale.

Poi, la funzione degli organi interni sarà migliorata, e c'è la possibilità di ottenere un effetto dietetico e di migliorare il mal di schiena.

Promozione della circolazione del sangue

Se fai la respirazione addominale nel modo giusto e lavori sullo yoga rilassante, l'ossigeno raggiungerà ogni angolo del tuo corpo. Quando l'ossigeno raggiunge la fine, la circolazione sanguigna migliora, il che può migliorare la sensibilità al freddo.

Migliorare la qualità del sonno

Lo yoga rilassante allevia la tensione e migliora la qualità del sonno. In particolare, è più facile ottenere un sonno profondo facendo yoga rilassante prima di andare a letto e facendo esercizio fisico moderato.

Come iniziare lo yoga rilassante

Quando iniziate lo yoga rilassante, assicuratevi di sapere come fare una corretta respirazione addominale e le pose di base.

All'inizio, va bene solo essere consapevoli della respirazione addominale

Quando un principiante si impegna nello yoga rilassante, può essere difficile eseguire improvvisamente varie pose. In questi casi, il punto è iniziare con la consapevolezza della respirazione addominale.

Quando si prende la respirazione addominale, prima si mettono leggermente entrambe le mani su un posto chiamato "Tanden", che è da 3 a 4 cm sotto l'ombelico. Poi stringi la bocca ed espira tutto il tuo respiro. In questo momento, prenditi il tempo di espirare lentamente. Quando hai finito di espirare, inspira l'aria attraverso il naso. Quando inspiri, è meglio immaginare che l'aria inalata dal naso ritorni all'addome. Lo scopo della respirazione addominale è di espirare lentamente attraverso la bocca e lentamente quando si inala aria attraverso il naso. La prima volta che si fa la respirazione addominale, potrebbe non funzionare, ma è importante continuare a lavorare senza fretta.

Posizioni yoga rilassanti di base

Capire e praticare le posizioni di base dello yoga rilassante.

- **Posizione di piegamento in avanti**

Quando si fa una posa di piegamento in avanti, ci si siede con le gambe estese. Poi, si scende profondamente in avanti dall'articolazione dell'anca. Questa posa ha lo scopo di allungare la schiena, quindi fai attenzione a non abbassarti.

- **Posa della mucca del gatto**

Posa del gatto o della mucca a quattro zampe, con i polsi appena sotto le spalle e le dita aperte e le mani girate. In questo momento, assicurati che le dita medie di entrambe le mani siano parallele tra loro, e gira entrambi i gomiti verso l'esterno.

Siate consapevoli che le vostre ginocchia sono direttamente sotto i vostri fianchi, e naturalmente estendete la zona sotto le ginocchia verso la vostra schiena.

Poi, con l'immagine di spingere il pavimento con entrambe le mani mentre espiri lentamente, la tua schiena si arriccia come un gatto. Dopo aver espirato tutto il tuo respiro, inspira lentamente e piega i fianchi e la schiena poco a poco.

In questo momento, se guardi diagonalmente verso l'alto, sarà più facile posare

- **Posa della mezzaluna**

Nella posa della mezzaluna, una gamba è tirata in avanti e l'altra gamba è tirata indietro dallo stato di strisciare a quattro zampe.

A questo punto, trovate un posto dove la zona inguinale delle gambe posteriori si senta comoda, e fate la base per la parte inferiore del corpo. Una volta che hai una base, alza le braccia e piegati lentamente all'indietro mentre ti rilassi.

Quando vi piegate all'indietro, il punto è di non cercare di piegare i fianchi forzatamente, ma di farlo con l'immagine di aprire il petto.

- **Posa del cancello**

Nella posa Kannuki, prendi prima una posizione inginocchiata, poi estendi una gamba di lato e tieni le dita dei piedi proprio accanto a te. In questo momento, fai attenzione a non piegare la parte superiore del corpo in avanti, e regolati in modo che il bacino sia di fronte a te. Poi, inspirate lentamente e sollevate il braccio sul lato opposto della gamba tesa, ed espirate lentamente mentre inclinate il busto di lato. Nella posizione del bartack, puoi sentire i polmoni contrarsi lentamente mentre respiri.

- **Posa della nave**

Quando fate la posizione della nave, alzate leggermente le ginocchia per sedervi in un triangolo e stendete le braccia dritte in avanti. In questo momento, il punto è lavorare con l'immagine di sollevare il bacino e tirare su l'ombelico. Poi, l'intera spina dorsale è tesa come se la cima della testa fosse tirata dal soffitto. Espirate lentamente e cadete indietro, mentre sollevate le ginocchia parallele al pavimento per stringere gli addominali. Durante la posa della nave, fai attenzione a non incurvare la schiena.

Lo yoga rilassante mira principalmente alla guarigione della mente e del corpo, quindi anche i principianti e le persone che non sono brave a fare esercizio possono facilmente lavorarci. Inoltre, lo yoga rilassante non solo stabilizza il corpo e la mente, ma ci si può anche aspettare di migliorare la qualità del sonno.

www.ingramcontent.com/pod-product-compliance
Lightning Source LLC
Chambersburg PA
CBHW070901080526
44589CB00013B/1159